先生と生徒の心をつなぐ
NLP理論
子どもの夢を育むために

NLP研究所代表　堀井恵 著

三修社

まえがき

「もうボロボロで、学校を辞めようかと考えていて……」

8年前、NLPのカウンセリングを行っている私のところにいらっしゃった学校の先生の言葉です。

私は十数年前から、NLPのトレーナー、カウンセラーとしてたくさんの方と関わってきました。その中でも、その8年前の先生のことは強く心に残っています。先生を馬鹿にしたような子どもたちの態度、さまざまな要求をしてくる親御さん、非協力的な同僚の先生方。そのような環境の中で何のために仕事をしているのかが分からなくなり、日常に疲弊し、顔色も悪く視線もうつろで、がっくりと肩を落としていらっしゃいました。何とか力になってあげたい。何年も経った今でもその想いが強く残っております。NLPをお教えする会社としては先駆けて教育部門を強化し、お母さん方、教師の方へ積極的にNLPをお伝えしてきました。

そして、さらに幅広くNLPを教育現場にお伝えしたい、その想いから今回本書を執筆するにいたったのです。

教師・先生という職業を選ばれた。その時点で、とても志が高く、子どもたちの教育に夢を持っていらっしゃる方々だと思います。しかし近年社会の様子、つまり近所付き合いや、人のコミュニケーションの在り方、家族の在り方が明らかに以前と変わってきたことで、子どもや親御さんとの接し方も変えていく必要があります。そして、毎日教えなければならないカリキュラム、授業の邪魔をする子どもたち、あるいは職場での人間関係、親御さんへの対応、等々との戦いで、最初の志や使命感を忘れ、疲れ果ててしまう方が多いように感じています。

だからこそ今、思い出していただきたいのです。なぜ、先生という職業を選ばれたのかを。日本の未来を背負う子どもたちを、そしてその子どもたちの夢をも育てているのだ、という大きなミッションを。そのために、NLPはとても効果的なツールです。ぜひ、NLPを知っていただくとともに、あなたの大きなミッションにも出会っていただきたい。本書をあなたの理想の教師像、あなたの理想の人生を、探求するそのきっかけにしていただき

たいと思います。

最後に、8年前にカウンセリングにいらっしゃった先生は、その後元気に職場に復帰されました。ご自分がなぜ、教育現場に携わっているのか、そこをもう一度ご自分自身で見つめなおしたことで、その時抱えていた人間関係のトラブルや、子どもたちのトラブルに対して、対処できるご自分になった、と心のこもったお礼のお手紙をいただきました。

今でも、そのお手紙は、私の特別な宝物として大切に持っています。今思うと、このお手紙がこの本を書くにいたるその道筋を創ってくださった、そんな気がいたします。

先生と生徒の心をつなぐNLP理論──もくじ

まえがき

1章 教師のためのNLP理論

- NLPとは──「相手の意欲を引き出す」コミュニケーション ……12
- NLPの基本前提──人は、エクセレントライフを送るために生まれてきている ……15
- ニューロロジカルレベル──教育現場でNLPを使い、どのようなことができるか ……29
- ラポール──相手の心に橋をかけ、信頼関係をつくる ……33
- 聴き方のスキル──子どもの意欲を引き出すために ……38
- 代表システム──視覚、聴覚、体感覚 ……41
- 視覚の人、聴覚の人、体感覚の人──相手の代表システムを把握する ……44
- アイ・アクセシング・キュー──眼球の動き、視線の方向で相手の心理状態を見抜く ……49
- 未来を見せる──What do you want? から as if へ ……56
- ポジション・チェンジ──相手の立場に立つ方法 ……61
- アウトカム──望ましい状態をつくりだす ……69
- メタモデル──相手の深層部から欠落した情報をとらえる ……78
- リソースアンカリング──いい状態を体に覚えこませる ……82

- ビジョン・タイムライン──意識の中にある時間の流れ
- スウィシュ──いやな体験・行動を望ましい体験・行動に入れ替える
- サブモダリティ──視覚、聴覚、体感覚など五感を構成するもの

2章 先生と子どもをつなぐコミュニケーション

- 楽しい授業にする工夫──生徒とラポールがとれた授業を
- NLPを使っての解決法──肯定的な発想の転換を
- 命令と禁止──過去に問いかける質問を
- 永久言語と一時的言語──否定的な行動には一時的言語を
- 家庭のルール、教室のルール──ルールがあるから自由になれる
- 忘れ物が多い生徒──未来に意識を向ける質問を
- 不登校などさまざまな問題──バックトラッキングやミラーリングを
- アウトカムを創りだす8つのポイント──意味づけをして表現する習慣を
- 夢を語る子どもたち──NLP式アウトカム達成シート
- なぜ先生を続けるのか──アウトカムセルフチェック
- 自分をどう確立していくかの方法論──人間の行動には肯定的な意図がある
- 自分のミッションとは？──ルールは禁止や命令ではない
- 自分はどういう先生になりたいのか──モデリングで「なりたい人」になってみる
- 未来に意識を向ける──失敗を学びに変える
- 理想の教師とは──ニューロロジカルレベルの統一を

3章 教育現場での事例紹介

〈事例1〉 忘れ物が多い子の対応事例 …… 168
〈事例2〉 おとなしい子の対応事例 …… 170
〈事例3〉 手の出る子の対応事例 …… 172
〈事例4〉 宿題をしてこない子への対応事例 …… 175
〈事例5〉 いじめの対応事例 …… 177
〈事例6〉 慕われる先生になるための対応事例 …… 180
〈事例7〉 不登校の子への対応事例 …… 182
〈事例8〉 苦手意識を持っている子への対応事例 …… 184
〈事例9〉 給食を食べない子への対応事例 …… 186
〈事例10〉 勉強への意欲がなくなってきた子への対応事例 …… 188
〈事例11〉 暴力的な言葉を使う子への対応事例 …… 189

1章

教師のための
NLP理論

NLP基礎編

NLPとは

■「相手の意欲を引き出す」コミュニケーション■

1970年代、ベトナム戦争で多くの人が心に痛手を受けたアメリカで、リチャード・バンドラー（心理学を学ぶ学生）とジョン・グリンダー（言語学者）が心理学と言語学をもとに体系化した人間のコミュニケーションに関する新しい学問がNLPです。NLPとは、Neuro Linguistic Programming（神経言語プログラミング）の略です。

創始者バンドラーとグリンダーは、当時アメリカで非常に優秀だった3人の天才的セラピスト（心理療法家）──ゲシュタルト療法のフリッツ・パールズ、家族療法のバージニア・サティア、そして催眠療法のミルトン・エリクソンらの卓越した治療法を研究し、それをモデル化して創りあげました。神経と言語とは密接に結びついています。これらを上手に組み合わせ、活用することによって、自分にとって望ましい状態や欲しいものを作り出し手に入れていきます。NLPはそのために大変役立つ方法なのです。

NLPのスキルは意識を変え、問題の見方を変え、望ましい状態を作ります。

初めはセラピスト、治療家のためのものとしてスタートしましたが、現在では教育者、

1章　教師のためのＮＬＰ理論 《NLP基礎編》

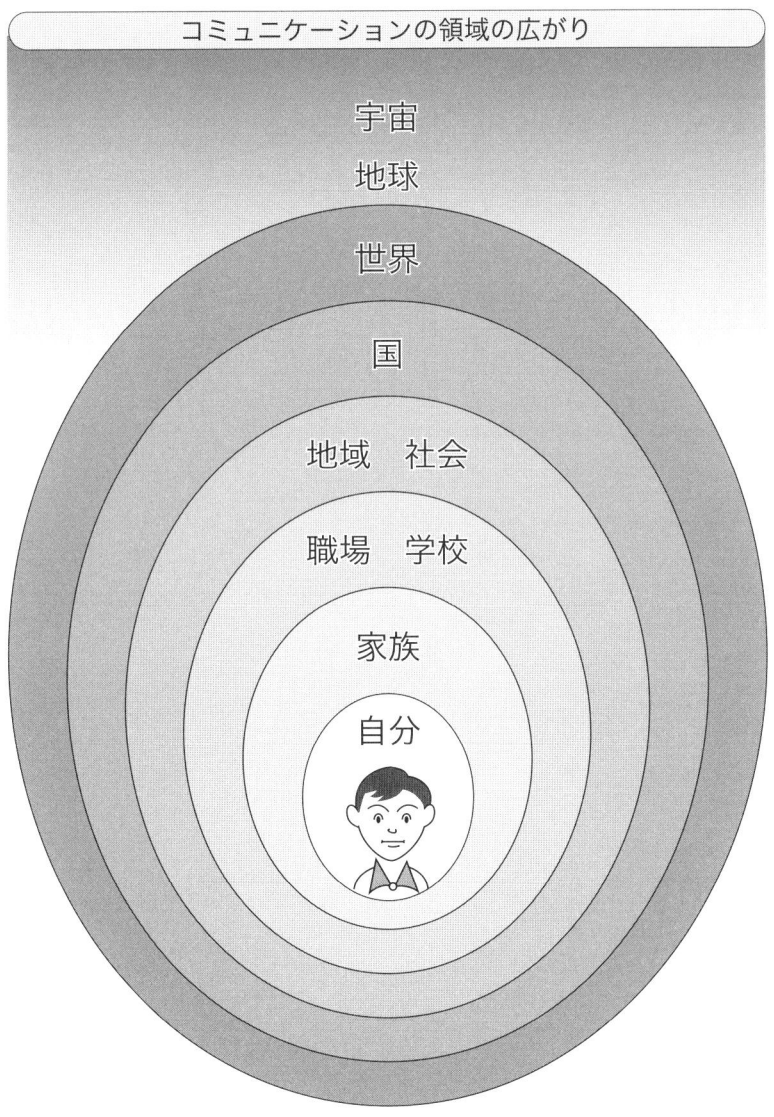

医療従事者、ビジネス、スポーツの分野、家庭などの中で活用されるようになっています。

特にこの十数年間私が大事にしてきたことは、「コミュニケーションとは相手の意欲を引き出すこと」という前提で人と関わることです。NLPにはそのためのコミュニケーション・スキルがたくさんあります。これらのスキルを自分のものにするときに、さらに大切なのが、「**相手の尊厳を大切にする**」ことです。

ただ理論を学んで覚えるだけではなく、そこではお互いに交流や共感、あるいは感動が存在して人間の関わりが成り立っています。特に人と関わることは「NLPのスキルを覚えました、このようにすれば意欲的になります」ということを教えているだけではなく、そこには「相手の尊厳を大切にする」という人の在り方も同時に教えています。

否定的な出来事が増えている中で、私たち一人ひとりのちょっとした意識と言葉遣いが変わることによって、周りにポジティブな人間関係が増えていきます。そして互いに大きな影響を与え合う関係ができていきます。それを子供たち、そしてその子供たちと密に関わる先生方に知っていただきたいのです。それが未来の日本を創ることになる、と考えています。

NLPの基本前提

■人は、エクセレントライフを送るために生まれてきている■

NLPについてお話ししていく前に、NLPが大切にしている10の基本前提をご紹介しましょう。この10の前提を理解した上で、NLPのスキルを使いコミュニケーションを取ることで非常にパワフルな結果が創れます。

中には「えっ？」と驚くようなものもあるかもしれません。しかし、まずはこの前提を理解し大切にしてください。それだけでもあなたの中に確実に変化が起きてきます。

① 『コミュニケーションとは相手の意欲を引き出すこと』

コミュニケーションとは深い信頼を生みだし、相手の大切な価値観を尊重することです。コミュニケーションによって自ら傷ついたり、人を傷つけたりするのではなく、話をすることで自分も相手も意欲的になる、という前提です。これは私がNLPを教える時に大切にしている独自の前提で、ぜひ皆様に意識していただきながら人と関わっていただきたいと思っています。

② 『人は、エクセレントライフを送るために生まれてきている。人は必要なリソースをすべて持って生まれている（生まれ持っている）』

人生なんて「まあまあ、こんなもんでいいじゃない、生きていけるんだし、人に迷惑かけている訳じゃないし」というものではありません。人生をエクセレントな最高最大の生き方をする、つまり後で振り返ったときに、「ああ、後悔はないよな」というレベルではなく、「ああ、いい人生送ったよな。最高の人生だった」と思えるような人生を送るために生まれてきているのです。

そして、人はそのために必要なリソースをすべて生まれ持っている。リソースとは、自分の持っている能力、資源、目的を達成するために必要な資質のこと。つまり、必要な能力や才能はすべて持って生まれてきているという前提です。「あれがないからだ」「これがないからだ」「だからできないんだ」ということはできない言い訳でしかないという前提です。すべて備わっているのです。

③ 『コミュニケーションは常に繰り返しおきている』

話している時だけが、コミュニケーションではありません。コミュニケーションは常に繰り返しおきているのです。

NLPの基本前提

① *Communication is motivating others.*
コミュニケーションとは相手の意欲を引き出すこと。

② *People already have the resources they need for their Excellent Lives.*
人はエクセレントライフを送るために生まれてきている。
人は必要なリソースをすべて持って生まれている（生まれ持っている）。

③ *Communication is redundant.*
コミュニケーションは常に繰り返しおきている（言葉プラスVAK）

④ *Chunking   Anything is possible by chunkng down to appropriate sizes.*
チャンキング　どんなことでも適当なサイズにすれば、達成可能である

⑤ *Positive intent   Behind every bihavior is a psitive intent.*
肯定的意図　すべてのひとの行動の裏側には肯定的な意図がある。

⑥ *Anyone can do anything by modeling others.*
誰でも何でもできる。誰かにできることはモデリングすることで可能になる。

⑦ *People always make the best choice available to them at all time.*
人はいつでもベストの選択をしている。

⑧ *There is no such thing as failure, only feedback.*
失敗はない、そこには学びがある。

⑨ *The meaning of your communication is the response that you get.*
あなたのコミュニケーションの意味は相手の反応でわかる。

⑩ *People respond their map of reality, not to reality itself.*
人は自分のマップで現実に反応していて、現実そのものに反応しているのではない。
The map is not the territory.
地図（マップ）は実際の地形ではない。

私たちは、話し言葉だけではなく、その人の健康状態や、嬉しいのか悲しいのかなどを目で見て、視覚も使って判断しています。相手と会話をしているときはエネルギーも感じています。もちろん、相手の言葉や表情・動作からも、五感を使って、情報収集している。だから、喋るだけが、コミュニケーションではなく、常に情報発信をしているということです。

先生の場合、生徒を見て今日は、何か顔色悪いなと思いながら何も声かけせずに終わってしまうのではなく、顔色が悪いのに気づいたらすぐに声をかけて、「どう？　元気なの？」、「何があったの？」と、言葉をかけることが大切で、そのコミュニケーションが信頼を増すのです。ただ、喋った一言がどうこうというだけではなく、もっと自分の五感を使ってコミュニケーションを行いましょう。

また、コミュニケーションというと、自分と相手を思い浮かべがちですが、相手とだけでなく自分とのコミュニケーションも含まれます。頭の中で「何を食べようか？」「今日はどうしようかな？」あるいは「良い天気だな」と考えるのも自分とのコミュニケーションです。そして「コミュニケーションは常に繰り返しおきている」のです。

④　『チャンキング――どんなことでも、適当なサイズにすれば、達成可能である』
目的が大きすぎると達成できないけれども、そのサイズを小さくすればできる。あるい

は、目的達成の時期をを半年後と思っていたのを、1年に伸ばしてみる。それだけ長くなれば達成できるようになる。その結果、1つ1つやることが、小さく簡単になるという意味です。

チャンキングには、塊を小さくするという意味もあります。チャンクアップ、チャンクダウンという表現をします。あまりにも小さい目標では意欲がわかないので少しサイズを大きくしよう、これがチャンクアップ。あまりにも大きな目標は、プレッシャーになってあきらめてしまったり、意欲がわかなくなってしまう場合もあるので、少し小さくして行動しやすくしようというのが、チャンクダウンです。

⑤ 『肯定的意図、すべての人の行動の裏側には肯定的な意図がある』

何か悪さをする子とか、否定的な行動を繰り返す子。それは、結果としては、行動は否定的ですが、その行動の裏側にも肯定的意図があるのです。その肯定的意図を知って、それを満たしてあげることによって、その悪さをしなくなります。その人間の持つ力を生かしていきましょう。

この前提を知ると、重病の患者さんたちに対し、非常に簡単な言葉かけをするだけで、病気を手放していくプロセスを見ることができます。そのドクターたちは、病気をし続けることによって得ている無意識の肯定的な意図を知り、それを満たしてあげることによっ

て、治癒を早めたというのです。

では、子どもはどうして否定的な行動をするのでしょうか。

例えば、お母さんがテレビを見ている時。子どもが「母さん、母さん。今日ね、今日ね」と言っても、「うんうん、うんうん」と、生半可な態度でお母さんが振り向いてくれないときなど、子どもはいきなりテレビのリモコンをバチッと切ってしまうような、否定的な行動をとります。当然お母さんは「何をするの！」と怒ります。子どもは叱られてすごく嫌だけど、今まで振り向いてくれなかったお母さんは、これで振り向くという、否定的な行動をすると、お母さんが振り向いてくれるという、無意識の仕組みを作ってしまうと、その子は、良い子でいるよりも、悪いことをしたときのほうが、お母さんの注目や愛情をもらえることを知るわけです。これがプログラムとしてパターン化されてしまうと、子どもは否定的な行動を繰り返す。お母さんは、「だめじゃない」と言って怒る。見かけは、否定的な行動と、お母さんの怒りという行動の交流ですが、その奥底にある愛情という肯定的な意図が繋がりをつくります。

この『肯定的意図』を受け取って、否定的なことを注意するのではなく、うまくいっているときこそ愛情で満たしてあげる言葉をたくさんかければ、子どもは「こういうことをすれば、父さんや母さんは褒めてくれるんだ」ということを学びます。ですから、否定的に叱ることでつながりをつくるのではなく、肯定的な面を満たしてあげることが大事なの

20

肯定的意図をしっかり聞き出して子どもとの対話がうまく行った事例があります。ご紹介しましょう。

図工の時間、接着剤の入っていた箱の中の発砲スチロール片を前の方に座っていた子ども3人にあげました。すると後ろに座っていたHくんが「ぼくも欲しい」と騒ぎ出し、授業が続かなくなってしまいました。

「3つしかなかったのだから、譲ってね。いつまでも欲しいと言っても授業が進まないよ」

「ずるい、ずるい、ずるい！」

「あげたのは先生だから、もらった子たちはずるくないよ。先生は『いつまでも欲しい、とか、ずるい、というのは悲しいな』と思うよ。何故ずるいと思うの？ Hくんの意見も聞かせてほしい」

「もうあげちゃったのは仕方ないけど、先生は皆に『欲しい人？』って聞いてくれなかったのがずるい」

「そうか。そのとおりだね。確かに『欲しい人？』って聞かなかった。給食だと聞

くからね。これからはそうするよ。それは悪かった。許してね」

「うん。いいよ。分かった」

Hくんは静かになり、授業を進めることができました。

このHくんが騒いでいた肯定的意図は、先生に『欲しい人?』って聞いて欲しかった、その考えを先生に伝えたかった、ということです。「騒ぐ」ということの肯定的意図を満たすことで、静かになりました。

先生の判断に対する子どもの受け止め方が違うことも大いにあります。先生の判断を一方的に押し付けず、子どもの気持ちや考え方も受け止めてあげましょう。謝ることに抵抗がある先生もいらっしゃいますが、しっかりと対話して、相手を受け入れることも必要です。謝ることを教える良いチャンスです

です。法律を破ってはいけないこと、ルールを守ることを教えながら、同時にポジティブな人間関係を作っていくことが重要です。ただ「叱る」、ただ「やめなさい」、ただ「善意に行動しなさい」という命令禁止の領域から、親や先生は違う行動をとる可能性があるということです。

悪さばかりしている子でも、肯定的意図を認めることで、先生はいつも見てくれていると安心の関係性が生まれる、また不信から信頼へと、考え方を変えることができるのです。

⑥『誰かにできることはモデリングすることで可能になる』

誰でも、欲しい結果はそれが上手くできている人をモデリング（その方法を学びまねる）ことで可能になります。例えば、「中学生のときすごく愛情深い素敵な先生がいたから、自分は先生になりました」という方にとって、引き金になったあの先生をモデリングするというところで自分も愛情深い先生になれます。イメージできる人であれば誰でもOKです。これは、アイドルの素敵な人の動きを、エレガントで、上品で、そして人目を引くという人のモデリングをして、自分がそうなっていくというものにも使えます。

自分の恩師とか尊敬する先生などをモデリングするとよいでしょう。モデリングは思いと行動を一致させるのに役にたちます。いきなり「できる人」になるのです。実際何が必

要なのかは、まずイメージで「できる人」になってから行動・方法を考えます。これが、NLPのモデリングの考え方です。姿・形から入るのも良いし、その人が大切にしていることを自分も大切にするのも効果的です。場面場面でモデリングする人を変えても良いでしょう。

⑦ **『人はいつでもベストの選択をしている』**

あなたが行っているその時々の選択は常にベストのものなのです。後悔して「ああすれば良かった」「どうしてこうしなかったんだろう」と考えがちですが、その時点での選択をした自分を信じて次の一歩を踏み出すことで新しい可能性が生まれます。

⑧ **『失敗はない、そこには学びがある』**

私たちは失敗すると、傷ついたり、自分を責めたり、他者をうらんだり、「もう、こんなのは嫌だ」と落ち込み、嫌な気持ちになります。そして、もうこんなことはすまい、もうこんな人とはつき合うまいと反省し、その痛い思いをしないための設定をして、また頑張るわけです。

しかし、痛い思いを引き出しに入れて、自分の経験として持っているだけでは、また同じようなことを繰り返します。なぜなら、そこにいたる行動が切り替わっていないからで

失敗をした、嫌な思いをした、ここから何かを学ぶ必要があります。失敗からのフィードバックは何か、学びは何か、次に活かすリフレームを枠組みを変えて考える。それを学びとして引き出しに入れておくと、次は別の行動を選択するから同じ失敗を繰り返さない。失敗をリソースの学びにすることになります。「失敗は成功の母」が同じように使われています。

一回失敗すると、怖じ気づいてしまいます。「もう、こんなことは恥をかくからやめよう」とあきらめるのでなく「何が間違っていたのだろう。本当に欲しい結果は何だったのか？ そのためには何をする必要があるのか？」というその思考プロセスを取ると、未来に対応できる新しい選択肢が生まれ、その失敗を学びとして活かすことができる。失敗を学びに変えて、持つことができるのです。

子どもが悪いことをした、友達を殴って泣かせた。先生は怒ります。「なんでこんなことをしたの？ 2度と殴るんじゃないよ。こんなに悲しんでいるんだから。こんなに傷つけちゃったんだから」と。しかし、子どもが人を傷つけたり、何かしたときには、さっきの肯定的意図を引き出してあげる余裕を持ってほしいのです。肯定的意図というのは、すぐに言葉に出てくるものではありません。

例えば、殴って泣かせたときはもう、すごい青あざで、目が腫れて、大変なことになりました。といったときに、その殴った子どもに、「なぜ、そんなことしたの？」と叱るの

ではなくて、喧嘩の訳をきいたあとに「本当はどうしたかったの？」という質問をするのです。

「何をしたの？　殴ったでしょう。アザができたでしょう」と責めるのではなく、「あなたはどんな結果が欲しかったんだろう」「そのためには何をしたら良かったんだろう？」と質問をする。何々がしたかったのに、この子が別の何かをしたのかもしれないし、何々をしたかったんだけど、この子がぐずぐずしているから、殴っちゃったのかもしれない。殴った理由や言い訳を聞くのではなくて、「どうしたかったの？」という、その失敗から改善された未来を問いかけるのです。

「何を学んだの？」と言っても、子どもにはわからないかもしれない。「どうしたかったの？」というと、「喧嘩なんか、したくなかったんだ」と言葉が出てくる可能性があります。「どうしたかったの？」と言葉が返して欲しかったという、殴った側のなりたかった状態が言語化されたならば、何をすれば、それが手に入っただろうかと考えさせる。

問題の出来事をただ聞くのではなくて、そこには存在し無かった、欲しい結果を言語化させ、そして、「それを手に入れるために、あなたは何をする必要があったの？」と、相手がわかるまで話をする。「僕はこれが欲しかったんだ」と会話する。「ああ。そうだね。わかっていたよね」というところで受け取れば、本人は学びに変えて言語化します。

26

1章　教師のためのＮＬＰ理論 《NLP基礎編》

そこから更に、「じゃあ、もし、今度同じようなことがあったら、どうする？」とたずね、「うん。今度は、こうする。ああする」という、行動計画、ストラテジーの部分まで話をさせるという、そのプロセスを使って欲しいのです。

失敗も、そこには学びがある。失敗だと捉えるのではなく、そこから何を学ぶかということを、子どもたちに思考させましょう。考えさせましょう。大人は自分の体験から、そんなことをしたらダメ、次にはやるなという禁止や命令で終わってしまいがちです。失敗から、子どもが何を学んで、どういうふうにすれば次にうまく行くかという思考を育てることが、教師としての役目です。

⑨ 『コミュニケーションの意味は相手の反応でわかる』

よくビジネスの世界で使う言葉です。

営業部長が、営業マンに話をした。「お前の来月の目標はいくらだ」「300万です」「わかったな」「OK」と言って、その月の終わりに、300万達成していない。230万だったとしましょう。そうすると、部長は「何をやっているんだ。達成するにはああやってやるんだぞ」と。体験から、一生懸命教えます。その営業マンは「はい、はい、はい」と聞きます。

翌月、彼はまた達成できませんでした。ということは、その営業部長と営業マンのコミ

ュニケーションの意味は結果が物語っています。部長が自分の言ったことの結果はこれ、相手がわかるというところまで行っていない。「はい、はい」とは言っているけど、真のコミュニケーションには至っていないことに、相手の反応から気づく必要があります。

すごく嬉しいことがあって、元気にワクワクして話したときに、相手が、怪訝な顔をしていたとしたら、あなたの言っていることは、伝わっていないことになります。どこまで伝わったかは相手の反応でわかります。だとしたら、あなたは、別の行動、別の言い方に変えなければなりません。

相手を悪いダメな奴と言ってしまえばそれまでですが、「相手が動くように話をしただろうか」、「相手を尊重していただろうか」、「相手の必要な言葉を自分のほうから出していただろうか」と新たに自分の新たな行動を考えることです。

もちろん、現実には、いくらどんなにうまく説明しても、相手が話を聞く気がなく、聞く価値がないと思っていたら、良い反応は手に入りません。そういう時にこそ、相手の問題にキチッと意識を向けて、それを解決するサポートをすることです。

ニューロジカルレベル

■ 教育現場でNLPを使い、どのようなことができるか ■

教育現場でNLPのスキルを活かすには、まず「教師である自分自身がどう生きたいのか？ どう在りたいのか？」という問いかけを自分にして、自分自身の在り方を探求します。その上でNLPのスキルを身につけていただきたいのです。

「ニューロジカルレベル」の図を見てください。これは人間の意識を6段階に分けたものです。環境・行動レベルは現実に見えている世界です。その中で教師というアイデンティティを持った人を分析してみましょう。

① **環境**
自分をとりまく環境です。○○小学校で36名の4年生の担任をしています。

② **行動** ③ **能力**
自分のとっている行動とその時に使っている能力の領域です。4年生の国語では読解力を深める授業として、読む・書くのディスカッションを行います。その時、自分は子ども

たちの意見を引き出すコミュニケーションの能力を使っています。

④ **信念・価値観**

自分が何を大切にして②の行動をとり、③の能力を使っているのか、という領域です。「勉強は楽しい」「読解力を高めることは子供たちの可能性を広げる」ということを信じ大切にしています。

⑤ **自己認識（アイデンティティ）**

④を大切にし②を行うあなたはどんな人かという領域です。私は「子どもの夢を育て日本を支える子どもたちに育てる教師」です。

⑥ **スピリチュアル**

無条件の感謝や感動する瞬間、精神的な豊かさを感じているときをスピリチュアルな領域として捉えます。私は何のために教師をしているのかという問いかけと共に、子どもたちの成長を喜び、自分が教師になって良かった、と無条件に感じたり感謝する瞬間です。生徒の成績が上がったから嬉しいというのは環境・行動のレベルの意識で、教師としての喜びであったり、無条件の感謝はスピリチュアルの領域です。つまり、この意識は「何々してくれたからありがとう」と条件づきではなく「人間の存在そのものが感謝と感動である」という領域で、個人を超えそこにはミッションとか、役割、情熱など心を突き動かしているものが存在します。

30

1章　教師のためのＮＬＰ理論《NLP基礎編》

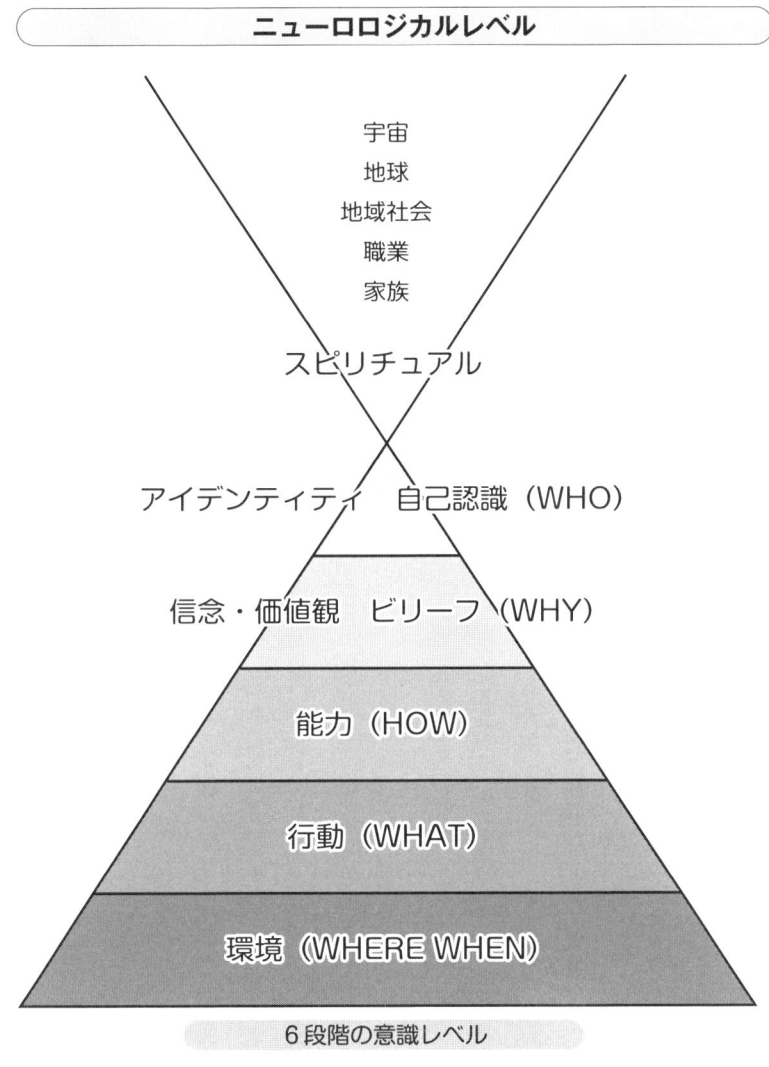

参考：NLP University ロバート・ディルツ氏「ニューロロジカル・レベル」

先生の悩みや問題の多くは、能力・行動・環境レベルの反応で起きます。例えば子どもが教室でさわぐという行動を教師である私がコントロールできないのは私の能力の問題。そこで、自信をなくしあきらめてしまうのではなく、私はなぜ教師という職業を選んだのかという信念、大切な思い、理由を明確にします。子どもたちは未来の世界を作っていく大切な存在として見ることで自分の意識を大きく、広く変えます。あの悪い子とかあのしょうがない子、授業中に友達と話ばかりする子たちの行動はもちろん問題行動ですが、子どもたちの人間としての本質を見ることによって先生自身が大きなミッションに意識を変化することができ、その子どもたちの行動にも振り回されることなく適切な声かけや力付けができるようになります。

「なぜ教師という職業を選んでいるのか」、「自分は何のために生きているのか」、そして「何のために存在しているのか」という問いかけを探求しつづけてください。答えが自分自身の中にできたときにこそ、自分の中に一本の筋が通り何が起こっても適切に対処できる自信が生まれます。NLPを通じてそれらを強化し、可能性を拡げていきましょう。

ニューロロジカルレベルを統一、一致させることによって、自分自身の中にブレのない一本筋を通すことが可能になります。

ラポール

■ 相手の心に橋をかけ、信頼関係をつくる ■

ラポールというのは、心理的に相手に橋をかける、心理的共感をもつ。つまり「相手との心理的距離を縮め、信頼関係を構築する」と定義しています。

「相手の意欲を引き出すコミュニケーション」の基本にあるのはまず「ラポールを作ること」です。次項で説明するバックトラッキングなどを使って信頼関係を作っていきます。

信頼関係が生まれ、あなたが子どものサイドに立つ、または子どもと同じ目線で見はじめると、「この人は自分の言うことをきちんと聞いてくれる人だ」と子どもはあなたを信頼をします。

たとえば、「○○さんの教科書をかくしたのはボクです」と子どもが言ってきたら、先生がいきなり「こら、だめじゃないか！」と叱るのではなく、「よく言ってくれたね」「正直に言ってくれて先生は嬉しいよ」と受け取り信頼関係を作ります。子どもとあなたの間にそのようなオープンさがあるかどうか、子どもとの間にラポールが作られているかどうかが先生方にとって大事なことなのです。

ラポールとは信頼関係を構築することです。子どもとラポールを構築するときに一番大切なメッセージは

「**私はあなたを見守っている**」
「**あなたには価値がある**」
「**あなたは特別でかけがえのない存在である**」
「**あなたには人に貢献できるとても重要なものを持っている**」

です。人は誰かに必要とされてたい、認められたい、役に立ちたいという本質的な思いがあります。それらを先生が子どもたちに大切なメッセージとして伝えていくことで、子どもたちは安心し理想のクラスが創られていきます。これらのメッセージは、そのまま言葉で伝えるだけでなく、日常のちょっとした会話の中で、また、あなたの態度で伝えていくことができます。ちょっと顔色の悪い子に、「今日はどうしたの？」と声をかけたり、とても張り切っている子がいれば「今日は張り切っているね」と声をかけたり。それだけで、「先生は自分を見ていてくれている」という安心感、信頼感につながります。

子どもたちをよく観察していると、伝えるべきメッセージはどんどんあふれ、言葉になります。そして、子どもたちに伝えるだけでなく、先生あなた自身も自分自身に対してこ

34

のメッセージを伝え、自分自身とのラポールを構築していく必要があります。

「私は私を信じている」
「私には価値がある」
「私は特別でかけがえのない存在である」
「私には人に貢献できるとても重要なものを持っている」

右の文を読んで、どんな感じがしますか？　もし、何かざわざわした気持ちや抵抗感があるのであれば、その自分の反応にも目を向けてみましょう。自分とのラポールを大切に築いていきましょう。子どもたちに対すると同様に、自分の反応にも細やかに目を向けることで、自分への信頼ラポールがしっかりと強まっていくのを感じられます。自分を責めたり、否定することは無意味なことです。

人は「時間がない」、「やらなくてはならないことが他にある」などの自分の内的な言い訳をもってしまいがちです。本当に何が大切かをもう1回見直してください。ほんの2、3分のラポールを築くコミュニケーションでいいのです。これだけでもクラスがどんどん変わっていきます。信頼や安心があるクラスになります。ではまず受け取ることから行っていきましょう。

ラポールを使った事例です。

学校で長いほうきを持ったまま、教室を走り回っている4年生のEくんがいました。Eくんはいつも元気ではしゃいでいますが、今日は何だか様子が違って何か怒りを発散しているような感じです。

「教室の中で走ってはいけないよ」
「……。(まだ走り回っている)
「ほうき持って走り回るのはあぶないよ」
「……。(ちょっと先生を見るが、まだ走り回っている)」
「Eくん、こっちに来て」
「……。(素直にこっちに来て、勧められた椅子に座る)」
「……。どうしたの？ 何回も注意しているのに…どうしたの？」
「昨日熱があってプールを休んだのに、お母さんに怒られてゲームを取り上げられた……」
「なるほど。熱があってプールを休んだのに、お母さんに怒られて、ゲームまで取

り上げられたんだ」

「そう」

「そうか。それでいつもと様子が違ったのね。熱があって休んだのは怠けて休んだのとは違うものね。お母さんにもう一度お話してみるのはどうかしら?」

「そうだね。そうしてみる」

話を聞いてもらってスッキリして、納得した感じで掃除を始めました。

この事例では、「ほうきを持って走り回る」という行為を単に叱るのではなく、相手のいつもと違う様子をしっかり受け止め、同じ目線に坐り、話をバックトラッキングしながら丁寧に聴き取っています。責める会話ではなく「どうしたの?」と問いかけたことで、ラポールがかかり、掃除をするという行動に移ることができました。

このように、ささいなことからでもラポールをしっかり取って子どもたちと対話することで、子どもは次の行動へと進んでいくことができるのです。

聴き方のスキル

■子どもの意欲を引き出すために■

まず「子どもの意欲を引き出す」には、子どもが何を望んでいるのか、何を考え、何を伝えたいのかを聴き取る必要があります。しかし大人は、自分の人生体験から聴き取る前に、これはこういうことだなと憶測をして先に答えを教えてしまいがちです。「こうしたほうがいいよ」、「そういうときはね、こうするんだよ」、「ああするんだよ」とアドバイスして教えたくなるものです。しかし、教えてしまう前に、子どもの口から自分の状態を語らせるような聴き方をすることが大事なのです。

さらにラポールを深めるのに、聴き方のスキルとしては、①バックトラッキング、②ミラーリング、③ペーシングをしてのリーディングの3つの方法があります。

①バックトラッキング

相手の言っている言葉をそのまま返す、さらにキーワードを聴き取り、「こう言っているのね」、「これが大事なのね」という伝え方で返す。それから「あなたの言ったのはこう

こうこういうことなのね」とまとめて返す。この方法をバックトラッキングと言います。それによって、相手は、この人は本当に聴いてくれているという信頼感と安心感が生まれます。

②ミラーリング
相手の動作に合わせて同時に**鏡のように動く**ことです。身ぶり手ぶりだけでなく姿勢なども合わせます。それによって、無意識の一体感が生まれ、信頼感が高まります。

③ペーシング
ペースを相手に合わせることです。それは相手に意識を合わせたり、**相手の呼吸やテンポ・テンションに合わせる**ことです。その人の状態をそのまま受け取るというのがペーシングです。それによって相手は、この人は本当に自分のことをわかってくれているという安心感をもちます。
興奮した人には同じように興奮した口調で応対し、ペーシングでラポールを作ります。次に徐々にテンポを落として相手を落ち着かせていく。また、落ち込んでいる人には静かにきき、ゆっくりテンポを合わせ、徐々にはげましてゆく。これがリーディングです。

信頼・共感を作り出すこと、これがまずコミュニケーションの一番スタートの基礎で、前項で紹介した「ラポール」です。

子どもによっては手ぶり身ぶりを大きくしながら話す子がいます。ぶりで話しているときは相手に対してオープンになっているという証拠です。叱られているとき、落ち込んでいるときなど、子どもはうつむいて硬くなっています。

泣いている子を見ると人はすぐに「泣いちゃだめよ」、「まあまああ、がんばって、男の子なんだから泣かないで」など、その状況を受け取る前に言ってしまいがちです。まずその悲しそうなところに「どうしたの」というペーシングをして、呼吸・意識を合わせ、彼らがオープンになったら今度はリードしていくとラポールが築けます。

ペーシングした上で、今度は先生がリードして、そして先生の方向性を伝えると相手は安心して聴くという状況になります。今まで話していた子が今度は先生の話を聴く、先生がリードしていく。ペースアンドリードというのは、その一環の方法です。

基本的には相手に共感をして、それで相手のペースに合わせる、そして相手の行動に合わせる、それができてから相手をよりよい状態にリーディングをしていくという流れです。

これらは子どもだけでなく、日常の大人同士の会話にも大切な方法です。

40

代表システム

■視覚、聴覚、体感覚■

視覚（Visual）・聴覚（Auditory）・体感覚（味覚、触覚、嗅覚・Kinesthetic）のVisual・Auditory・Kinesthetic の頭文字をとって、V・A・Kと人間の五感を表わして使います。私たちは五感を使って物事を認識し、五感を使って話をして五感を使って相手からの反応を受け取ります。

人が話をするときには、五感を全て使っています。しかし人に利き手があって右利きの人は右手で箸を持ち文字を書くように、V・A・Kの中にも人それぞれ優位に使っている感覚があります。聴覚が強い人、視覚が強い人、あるいは体感覚が強い人というように、人によってくせのように優位性が異なっています。

これをNLPでは『代表システム』と呼んでいます。子どもの多くは体感覚が強く、小学生高学年とか、中学生ぐらいになると言語がいろいろ理屈で考えるようになると聴覚が発達してきます。小学生低学年ぐらいまでは体感覚を優位に使っている子が多いようです。生まれて言葉を使えるようになるまではほとんど体感覚ばかり使っており、「ミ

代表システム

視覚

聴覚

体感覚

ルクが欲しい」「痛い」などを体を使って表現します。ほとんどの子どもは非常に体感覚が強いものです。

言葉を覚えていく仕組みの中で、聴覚が発達していきます。聴覚が発達してくると同時に想像力が視覚としても発達し、図・絵を見ながらイメージを作ることも身につけていきます。

先生方の中には教えるという仕事がら、聴覚優位の方が多く、何度質問しても返事をしない子どもに対して、「どうしたの？」「こうしたの？」「どう思うの？」と矢継ぎ早に質問することがあります。しかし、すぐに返事がでてこない子には「どんな感じなの？」という体感覚から答えやすい言葉に変えることによって、その子の腑にストンと落ちて答えやすくなり、「いやな感じだったの」というような言葉がすっと出て次の言葉も出やすくなる場合があります。

相手がどの代表システムを主に使っているのかを聴き取って、それに合わせた言葉の使い方をすると、相手が動き、子どもが反応することがあります。

聴覚・視覚・体感覚のどれが勝っているか、それを見極めるポイントは、同僚の先生や生徒、周りの家族や友人たちを見ながら、使っている言葉を注意深く聞き分けることにあります。

視覚の人、聴覚の人、体感覚の人

■相手の代表システムを把握する■

例えば、自宅からここまでの道順を表現してもらいます。

「家からまっすぐに続く坂を降り自分の最寄りの駅まで歩いて、最寄りの駅から久しぶりにブルーの満員電車に乗りました。そして市ヶ谷で長くて薄暗い地下道を通って乗り換えてこちらまで来ました」

相手は絵を見ながら話し最寄りの駅や久しぶりに乗った混雑した電車、薄暗い地下道を描写します。その話を聞いていると、一緒の絵を見ているようにイメージがこちらにも浮かびます。

聴覚の強い人に話してもらうと、「小田急線に乗って下北沢乗り換えの5つ目の渋谷で乗り換えて、10分くらい乗った3つ目の駅で……」などというように、聴覚で手順をずっと話すので、イメージは浮かびません。

相手が聴覚優位か、視覚優位か、ちょっと注意深くきくとわかるようになります。

① 聴覚優位

聴覚優位の人は、耳の辺りで手を動かしたり、「父さんはガミガミうるさいんだ」などの表現をします。また、目の動き、視線もそれを表しています。あごを押さえたり、耳のそばを触ったり、腕組みをして話します。まさにロダンの『考える人』の像も聴覚で内的会話を聞いているわけです。内的会話というのは、自分の頭の中で自分の言葉を聞いている、考えている状態。言葉としては、「こう考える」、「こう思う」とか、「こんなふうに聞こえる」などの分析的な言葉で語尾がくくられていると、聴覚を使っています。

描写が文字でつながっていて、論理的であまり絵としてはイメージしにくい言葉を使う傾向があります。四字熟語などを好んで使い、言葉に厳密で、相手が自分の使った言葉をきちんとバックトラッキングしないとラポールを切ってしまいます。

② 視覚優位

絵を見るように視覚を使う人は、「父さんは、新聞見ながらこっちを見向きもしないで説教するんです」「ほら、あの駅の前にたばこ屋さんあったじゃない」というように、手の平を下にしてこの場所を示しながら話します。視覚を使った人がオープンになって話すときには身ぶり、手ぶりを使っています。「たばこ屋さんの前にほら、ポストがあった

じゃない」とか、あたかも実物を目の前に見ているように話します。

欠点としては、絵を見ながら話をするなのでイメージが一瞬のうちにアメリカにも行けるし、ハワイも覚えているとか、昨日の話も出てくるので、話が飛ぶことです。人によっては何を話されているのかわからなくなります。聴覚の人はついていけません。そこでミスコミュニケーションが起きることがあります。それらを知って使い分けていくと、深いコミュニケーションがとれるようになります。

視覚優位の人は「見える」とか、「あなたの言っていることは絵にならない」とか、人の話を聴く時も視覚化して話を理解しようとします。見えないとか、筋が通ってないとか、そういう道筋がどうのとか、将来は明るいなどの表現を使います。聴覚の人は同じことを「理論的じゃないね」と表現し、同じ意味でも表現に違いがあります。

③ 体感覚優位

体感覚の人は往々にして言葉が出てくるのが遅くゆっくりしています。何か質問されてもうーんと一回視線を落として、身の中をさぐり、おもむろにゆっくりと膝を叩いたり、胸を指さしたりします。「胃が何かぎゅっとしまるようないやな感じですよね」とか「心臓がバクバクして」というような、内臓器官を象徴するような言葉を使

46

います。「こんな感じです」という、感じるという言葉もよく使います。発言する前に座り直したり、身をゆすったりして言葉を整えます。

子どもは先生が自分に対してどれだけオープンになっているかを良く見ています。オープンになると「ねえ」と近寄ってきます。そういう子に対しては「どう考えているの」「どう思うの」、「あなたのやったこと考えてみなさい」など、良い悪いの言葉は役に立ちません。せっかくの「ねえ、先生」の言葉も意味がなくなり、ラポールが切れてしまいます。「どうした？　どんな感じ？」などどこからでも何からでも話すことができる質問をしましょう。

この3つのVAK感覚がききわけられれば、それに合わせて自分も相手と同じVAKの感覚に合わせて言葉を使います。体感覚の子は言葉が非常に少ないので、先生は一方的にしゃべりがちです。そうすると子どもは「ううん」と「うん」しか言わなくなります。要はイエスかノーでしかコミュニケーションがとれない子どもに育ってしまいます。そこで先生は次のリードのためのペーシングをします。「こんな感じだったんだね、いやだったね、苦しかったね。で、本当はどうなりたいの？」または「どうしたかったの？」という、リードして行き先を示してあげ、元気でワクワクした感じとかピョンピョンした感じというような言葉が出てきたときに、「そうか、ピョンピョンするようなはずんだ気持

ちなんだね」と先生の言葉を付けて返してあげましょう。間が大切です。

代表システムを知らないお母さんたちはそのことを気が付かないことも多く、「うちの子は無口なんです」と言って、体感覚が優位であることイコール無口にしてしまって、親が一方的にしゃべってしまう。体感覚の強い子に対しては、普通のお母さんより20倍も30倍もしゃべってしまっています。そうすると子どもは、「ううん」、「これなの？」、「あれなの？」しか言わなくなる。

「うーん」と考えているので、わかってないと思って、次々と問いかけてしまいます。お母さんがもしそういうふうに育てているとしたら、先生は別の方法でサポートしなくてはいけません。お母さんと同じように育てていたら、子どもは大人の言葉をだんだんいいかげんに聞くようになっていきます。大きくなったら「うるせー」などと捨てぜりふを言う子どもに育ってしまいます。「自分は口べたで」「人と話すのは苦手です」「オレ頭悪いから」などは子どもの頃どのように大人が関わったかがわかります（もちろん変化することは可能です）。

アイ・アクセシング・キュー

■ 眼球の動き、視線の方向で相手の心理状態を見抜く ■

眼球は脳が外に出ている部分といわれています。頭の中にある過去・現在・未来の仕組みと視線も一致しています。過去の映像は左上に見えます。未来のまだやったことがないことは右上のほうに眼球を動かして見ます。

視線の方向と心の状態との相関をアイ・アクセシング・キューといいます。すべての人が必ずこうであるとは限りませんが、統計的に多いパターンをあげておきます。

○左上……過去に体験したことを映像（視覚的イメージ）として思い出す。
○右上……未来のことや体験したことがない映像を作り出し、イメージする。
○水平の左……過去に体験した音や言語を思い出し、聞いている。
○水平の右……体験したことがない音や言語を想像し、聞いている。
○左下……心の中で会話している（内的会話）。
○右下……体感覚を探っている。

⎛ 眼の動きによるアクセシング・キュー（こちらから相手を見ている場合）⎞

右　　　　　　　　　　　　　　　　　　　　　左

想像し、構成した　　　　　　　過去の体験の
視覚的イメージ　　　　　　　　視覚的イメージ

想像し、構成した　　　　　　　過去に体験した音声を
音声を聞いている　　　　　　　思い出し、聞いている

体感覚を探っている　　　　　　内的会話を聞いている

子どもは過去の出来事を話すときに、左上の過去の絵を見ながら話をします。そして「こればらどうしたい？ どうなりたいの？」と聞かれたときに、左上の過去の絵を見ているとしたら、彼の意識は「どうなりたいか」「どうしたいのか」という未来にはまだ動いていないということが外側からもわかります。そういうときには、アズ・イフ（as if）フレームを使って「もしできたとしたら」、「もしやったとしたら」と未来に意識を向けるマジックワードで意識を変えていきましょう。

※ "as if" の使い方

例えば、子どもが宿題をしてこなかった。友だちとケンカしてしまった。

「本当はどうしたかったの？」
「もし宿題をちゃんとやって来たら、どう？」
「もし友だちと仲良くしたら、どう？」

と過去を責めずに未来の約束として意識させることができます。

例えばあなたが何か失敗をしたとしましょう。大事な用件に遅刻したとか、先輩の先生に頼まれたことを忘れてしまったとか、もう明らかに自分が失敗してしまったときです。自分の心の中で、何と言っていますか。自分の体の中にあるあのいやな感覚をさぐり、そ

して「失敗したよな」という自分の内的会話を聞くときには視線が右か左の下に落ちて情報をとらえます。

子どもが話をしているときにどこを見ているかによって、何をさぐっているかがわかります。自分を責めたりいやな感じをさぐるという体感覚は下にありますから、この子は今自分を責める内的会話を聞いているなというのが外側からわかってきます。

視線の移動によって、いま脳の中で視神経がどこにアクセスしているかが分かり、人間の思考や行動を外見から読み取れるのです。眼の動き、視線の方向をよく観察することで、コミュニケーションが取りやすくなり、相手が理解できて信頼関係も深まります。

代表システムをうまく使うことで、勉強を学ぶスピードを上げることもできます。

例えば、英語の単語を覚えるとき。視覚の子どもには、絵と単語が一緒になっているカードなどを使って、イメージと関連付けると覚えやすくなります。聴覚の子どもには、繰り返し声に出したり、聴いて覚えたり、単語帳を使って覚えると、覚えやすくなります。体感覚の子どもには、書きとりを何度もさせたり、単語とともにダンスや動きをつけると覚えやすくなります。実際に、このような方法を導入して成績をあげた英語教師の方がいらっしゃいます。

また、成績が良くて褒めるときには、視覚の子どもには花マルやハンコ、シールをつけて、視覚的に飾って褒めると喜びます。聴覚の子どもには、「おめでとう」、「よくやってね」と言葉で褒めてあげましょう。体感覚の子どもには、「よくやったね」と言いながら、頭をなでる、肩を叩くなど、軽いスキンシップを行うことでその感覚が体に残ります。これは後で説明するアンカリングにもつながって、子どもが自信をつける良い方法です。これらを分けて使うのでなく、あなたがどの子にもＶ・Ａ・Ｋを使って強調して伝えることも大事です。

相手に合ったコミュニケーションを心がけるだけで、そのコミュニケーションは子どもの中に大きく残る出来事になります。その感覚が次のチャレンジに向かうとき、自分の自信としてサポートしたり、勇気づける体験になります。このような日常にコミュニケーションを通して、子どもたちに自信や勇気を与えていける先生であってほしいと思います。

NLP応用編

未来を見せる

■What do you want? から as if へ■

子どもを意欲的にするためには、「未来にどうなりたいか」という夢や目標・目的をしっかり考え、イメージを作らせてあげることです。例えば子どもが30点しか取れませんでした。「次どうする？どうしたい？」と聞いたときに、子どもに視線を未来の方向を見せて答えさせる。未来にイメージしておくと体感覚も伴います。記憶力も増し、何を行動すればよいか分かってきます。

「30点だったね」とバックトラッキング、ミラーリングでラポールをとりしっかり受け取ってあげて、「じゃあ次はどうしたいの？」「What do you want?」という質問を適切なタイミングで使うことが、人を意欲的にするポイントです。

「どうしたいの？」、「次はどうなりたい？」と聞くと、しょっちゅう30点取っている子なら、「次は50点は取りたい」と言うでしょう。あるいは「次こそ100点！」という子もいるかもしれません。そしたら「as if」で質問します。「もしそれが取れたとしたらどう？」と言って、点数を取るか取らないかだけではなくて、点数を取ることに意味付けをさせます。

「100点取ったらどんな感じ？」、あるいは「お母さんにそれ見せたらどうなるだろう？」。テストペーパーに100点と書いてあるだけのことを話すのではなく、もしそれを取れたら自分はどんな感じになって、周りの人たちへの影響など、お父さんはどうなるのだろう、妹はどうなるのだろう、お母さんはどうするのだろう、明確に具体的にイメージで100点をとることにどれだけ大きな意味や価値があるかを知ると、人間は、いろいろな部分で五感を総動員して、その欲しい結果を作り出そうという意欲につなげ行動していきます。欲しい結果をイメージし、その結果にどれだけ大切な意味があるかを考えされる習慣を育てましょう。

もう1つ未来を見せるのに大切なことは、30点を取ったときに、そこで「どうしてこんなひどい点とったの」と**責めない**ことです。そのときに「本当はどうしたかったのだろう」と聞いて現状をとらえて、そして未来に意識を向けていく。「だめでしょう」と責めるのではなく、「本当はどうしたかったんだろうね」、「じゃあそれやるためにはどうしたらいいんだろう？」と本人に考えさせることが大切です。

まず初めに受け取ってあげる。「30点だったんだ、残念だったね」、「本当はどうしたかったんだろう？」と子どもの中に聞いてあげると、子どもの意欲が出てくる。責めない方法で尋ねる工夫をすると、いろいろな選択肢が増えてくるのです。

人はタイムライン、つまり時間軸を持っています。過去・現在・未来があって、人間の意識を意欲的にするには、過去の出来事や現在の状態の意識を未来に向けることです。「自分の未来には何があるのか」、「自分は何をすることが大切か？」と考えさせることが非常に大事なのです。

「30点取っちゃった」、「なぜだと思う？」と質問しても、「昨日テレビ見ていたから」、「ゲームをしていたから」など、30点だった理由を言語化します。自分の中で、言い訳がアンカリング（P82参照）され、それが正当化されてしまいます。多分ゲームのしすぎだとか、テレビを見すぎて夜遅くなって寝て何もしなかったなと先生もわかっていると思います。「なぜだめだったのか」という理由を聞くよりも、「どうしたかった？」という次への未来形を使って聞いて、「じゃあこれからはどうしよう？」というプランニングにもっていくというのが、責めずに共感してリードしていく鉄則です。過去の落ち込みから意欲的にするためには、意識を未来に向けさせなければいけません。

What do you want? から as if にもっていくことです。

「もしできたとしたらどうなのだろう？」という先生の余裕の質問が必要です。「この子はまた昨日遅くまで起きていたんだ」など、憶測で考えるとつい自分のほうから説教したくなるものですが、説教するのではなく、本人の口から欲しい結果を言わせる。自分が多くを語るよりも相手に多く語らせる、というのがプロの先生といえるのかもしれません。

58

as if（もし……できたとしたら）で相手の意欲を引き出した事例があります。

勉強が面倒だという中学生のYくんがいます。宿題もしてこないし、授業中も寝ていたり、ぼーっとしていたり、全く身が入りません。

「勉強したらどうなる？」
「わかんない」
「もし、勉強やったとしたらどうなると思う？」
「テストで良い点が取れる」
「もし、テストで良い点が取れたらどうなるの？」
「良い高校に入れる」
「もし、高校に入ったとしたらどう？」
「好きなことして楽しいと思う」
「どんな高校に入りたいの？」
「〇〇高校」
「〇〇高校に入りたいんだ。そこに入ったとしたらどうなるの？」

「バスケット部に入って、勉強も頑張りたい」
「そっか。バスケット部に入って勉強も頑張るんだね」
「うん！」
「では、何から始めようか」

Yくんは明確な高校へ行く目標を見えて、勉強も頑張るようになりました。

このように、「眼の前のしなくてならない勉強」を、「自分の将来のための勉強」とリフレームすることができ、「だから勉強するんだ」という意欲に変えていくことができます。質問をして、自分で言語化することで、さらに自分の目標が明確になることもあります。しっかりと本人の夢を聴きとっていきましょう。

ポジション・チェンジ

■相手の立場に立つ方法■

先生は、「相手の立場に立つ」という客観視する感覚をとぎすます必要があります。自分が叱っている言葉を子どもはどんなふうに体験しているのだろうか、子どもの立場に立って自分の言葉を受けてみます。ったらどう感じるのだろうか、子どもの立場に立って自分の言葉を受けてみます。

「相手の立場に立つ」というのは頭で考えているだけではわかったつもりで案外難しいものです。NLPのスキルにポジション・チェンジというスキルがあります。自分で実際に動いて立ち位置を変えることによって、相手の立場に立ち、相手の中に入り相手になってみるという方法です。

いすを2つ用意し向かい合わせます（詳細な手順はP65）。一方のいすが自分の位置（第1のポジション）、もう一方のいすが相手の位置（第2のポジション）、2つのいすの間の外側が自分でも相手でもないニュートラルの位置（善意の第3のポジション）です。まず第1のポジションに座り、向かいのいすに相手が座っていると想定して話をします。話し終えたら着ぐるみを脱ぐような気持ちで自分から抜け出し、第3のポジションに出て、自

分でも相手でもない善意の第3者の立場に入り目の前に先生と生徒がいるのを見ます。次に、もう一方のいすに座り、相手になりきって、向かい側のいすに座っている自分をよく見て話します。生徒として先生に話し終えたら、また第3のポジションを経て第1のポジションの自分に戻り、相手に話します。最後に再度第3のポジションに座って2人の関係を見ます。

このエクササイズは、相手の立場や気持ちを頭で理解するというより、相手の立場に実際に入って気持ちを体験します。何回か練習すると実際に移動しなくとも意識だけでポジション・チェンジができるようになり、実際のコミュニケーションの現場で大いに活用できます。

頭の中には3つのいすがあります。3つのいすのどこに今いるか、自分で認知する必要があります。理想的なのは、その3つを自由にマインドの中で動けるようにすることです。英語だと、主語を必ず言います。IとかYouとか、HeとかTheyとか。それで位置がわかりやすいのですが、日本語は省略されてしまうので、時としてこの3つのポジションが分かりにくくなっていることがあります。

① **第1のいす**——教師である私のポジション
　　イライラして怒っている自分がいる

62

1章　教師のためのＮＬＰ理論《NLP応用編》

ポジション・チェンジのエクササイズ

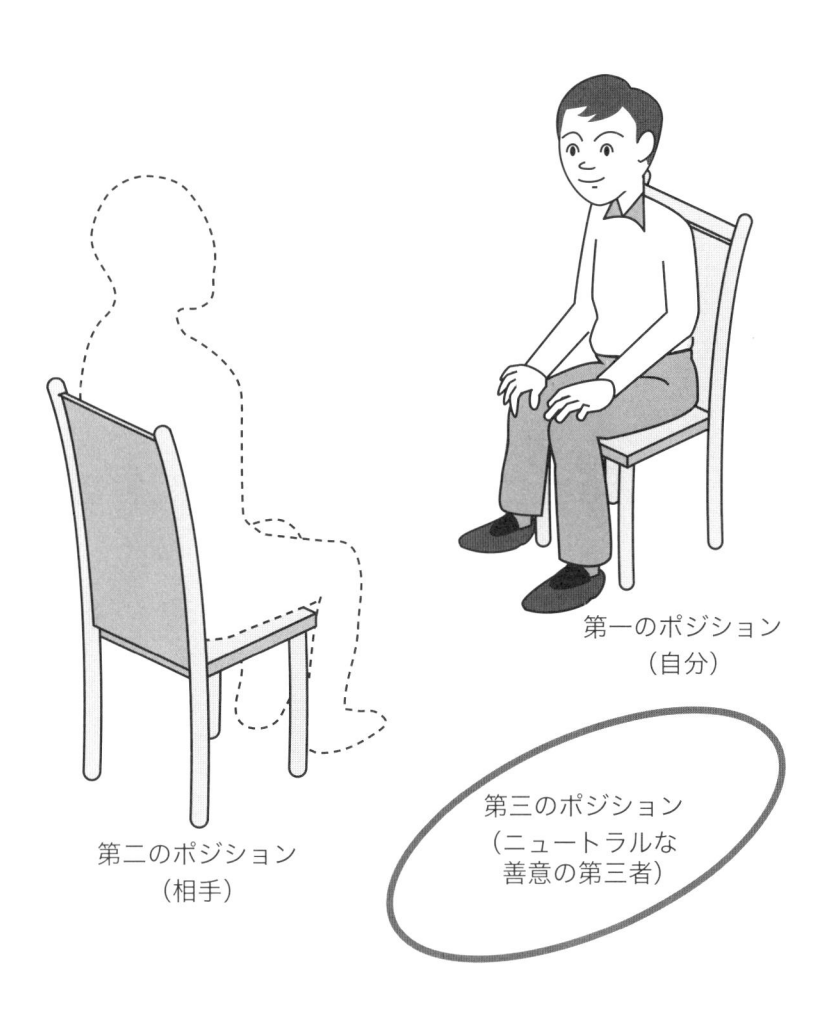

第一のポジション
（自分）

第二のポジション
（相手）

第三のポジション
（ニュートラルな
善意の第三者）

② 第2のいす——生徒である相手のポジション
　グズグズと下を向いて聞いている生徒がいる
③ 第3のいす——私と生徒を客観視する善意の第三者のポジション
　イライラしている教師とおろおろしている生徒を客観視する第三者の眼で見てみます。このトレーニングを何度もして、この3つのいすを自在に移動できるようになると普段のコミュニケーションに活かすことができます。立場を変えて考えさせることもできるようになります。

　例えば、先ほどのテストで30点をとった子どもに「それをお母さんが知ったらどうなんだろう?」と問うと、子どもは「多分悲しむと思う」、「怒ると思う」と母親の立場で言うでしょう。そしたら、「どういう結果にしたらお母さん喜ぶかな」、「今先生どういう気持ちだかわかる?」など、相手にもポジションを変えさせながらこの失敗を客観視するといぅ、第3のポジションも子どもに教えていくことができます。

　問題の真っただ中に入っていて、先生は叱るに決まっているから、と口をつぐんでしまう子に対してこれは有効です。「太郎くんね、太郎くんを今こっちから見たらどんなふうに見える?」というように、意識を変えさせるのに、ポジションをチェンジさせてみるのです。

1章　教師のためのＮＬＰ理論《NLP応用編》

知覚位置の変換（ポジション・チェンジ）

> A：クライアント⇒「今うまくいっていない」「関係を良くしたい」と思っている人（子供・生徒・家族・その他）を一人選ぶ。
> B：ガイド　　　⇒クライアントに質問し、実習をリードする。

１．関係を改善したい相手に思いを伝える
①B：関係を良くしたいと思っている相手は誰ですか？
　A：△△さんです。（例：長女の幸子）
②B：△△さんは、いつもどんなことをして、あなたを困らせますか？
③B：それに対して、あなたはどんな態度で接していますか？

２．ニュートラルポジションへ移動する（第３のポジション）
①B：あなたの体と気持ちをそこに置いて、第３のポジションへ出て来て下さい。
　＊一緒に深呼吸をします。（Aの意識が変わったことをBは確認する。Aは善意の第三者になる）
②B：右にいる方はどなたですか？　左にいる方はどなたですか？
（Aさんは両者を『さん付け』で呼ぶ）

３．相手の△△さんの中に入る（第２のポジション）
①B：今度は、相手の△△さんの中に入ります。
②B：△△さんのいつもの行動や振る舞いをしてみます。どんな気持ちですか？
③B：今度は目の前にいるAさんのいつもの対応・態度を見ます。どんな気持ちですか？
④B：あなたが、この行動を通してAさんに一番知って欲しいことは何ですか？
　＊△△さんは、Bへ伝える。

４．ニュートラルポジションへ移動する（第３のポジション）
①B：△△さん、あなたの体と気持ちをそこに置いて、第３のポジションに出て来て下さい。
　＊一緒に深呼吸をします。（２．と同じように、BはAの意識が変わったことを確認する）
②B：二人の関係をよく見ます。どのように見えますか？　そして今後の可能性はどうですか？

５．第１のポジションへ戻る
①B：それでは第１のポジションに戻ります。
　始める前と今とで、どんな違い・気付き・発見がありますか？

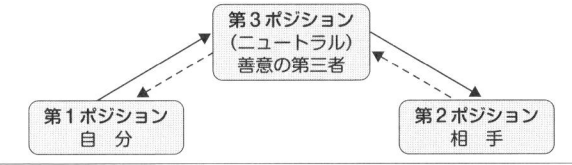

```
            第３ポジション
            （ニュートラル）
             善意の第三者
          ↗              ↖
   第１ポジション      第２ポジション
      自　分              相　手
```

客観視するという部分では、いろいろな使い方ができます。問題を「どうしたの？」「なぜなの？」と1対1で問いかけるのではなく、「この結果ってどういうふうに見えるのだろう」、「どういう意味があるのだろう」、「もしこれが100点になったらどういうふうに違うのだろう」。大人が答えを教えてしまうのではなく、本人にどうなのだろうと考えさせることが大切です。どっちがいいかという選択も、本人の選択を促し、子どもの意欲に変えることができます。

子どもはなかなか自分で考えるということをしなくなっていう、習慣的な反応だけで生きています。テレビは見続ける、ゲームも始めると止まらない。

学校では覚えなければならないことが増えてくるから、考えるひまもなく覚えなければというところで、開発されていない部分が、「どう思うの」とか、「どう？ どんなふう？」という質問をして答えようと考える相手の意欲を引き出すことが大事です。それぞれのレベルアップしていくときに、質問によって相手の意欲を引き出す。適切な質問をしましょう。詰問にならないよう気をつけましょう。

特に、言語の発達途中で、理屈とか理論という概念があまりない小学校低学年ぐらいまでは、体感覚をたくさん使っている傾向があると言いました。その傾向を知ったうえでアプローチの仕方を変えます。小学校低学年でも聴覚に強い子ども、やたら理屈っぽい子も

66

1章　教師のためのＮＬＰ理論 《NLP応用編》

いますが、体感覚を使っています。それらは彼らの視線でわかりますし、反応のスピードでもわかります。体感覚優位の人は、1回体に落とし込んで、体の感覚を確認し一致させながら言葉にしていくのでゆっくりで、語彙力も聴覚の人と比べると少ない。最低限の感覚を表す言葉だけを覚えていくので、ゆっくり話す。そういう子には言葉は短くゆっくり、わかりやすい言葉かけがよいでしょう。

教育を受け成長することによって理屈や理論がともなってきて言語の能力も発達します。高学年になるにつれ、左脳の部分がより発達していきます。現在の教育システムが左脳発達重視の傾向にあります。

小学校低学年は体感覚が強い傾向があることは、知識として知っておいてください。子どもの右脳を成長させるためにも、人間関係における喜怒哀楽も言語化する習慣を体験させましょう。

67

もし、**ポジション・チェンジ**のスキルを行うタイミングがなかったり、軽い事例の場合には、次の事例のような形で相手のポジションを体験させる方法もあります。

Aくんが隣のBくんにちょっかいを出しています。

「今、何をしていた？」（ちょっかいを出していたAくんに）

「いえ、別に……」

「ちょっかい出されて、どう思った？」（出されているBくんに）

「嫌だった」

「Bくんは嫌な気持ちがしてるんだよ」

これは、事実をお互いに言語化しているだけです。先生は怒ることも、命令や禁止をすることもありません。ただ、二人に質問をして、言語化するだけです。しかし、このことによって、AくんはBくんの気持ちを知り、Bくんの視点から自分のしていることを見ることができます。このように、相手のポジションを体験させることも有効な場合があります。注意点としては、事例によっては、あるいは聞かれた子どもによっては、相手の前で言語化することを苦痛に思う場合もあります。そのような場合には、別の方法を取る方が賢明でしょう。

アウトカム

■望ましい状態をつくりだす■

人間は意識的にも無意識的にも、欲しいものに向かって進んでいます。未来の目的に進んでいるのです。欲しいものを言語化して明確にすればするほど、人間がもっている潜在能力はその目的を手にしようと進みます。ですから、アウトカム（目的）というのは、ポジティブな言葉で表現する必要があるわけです。

しかし多くの人は、「ここに問題がある」、「その問題ではなくて」という言葉でネガティブな表現をしがちです。

例えば遅刻ばかりする子に、「遅刻しないようになるといいね」とよく言います。この場合、遅刻という言葉が前提になっています。そんなとき、先生はポジティブな言葉で「時間を守って学校に来ようね」という表現にすると、時間を守るということがプログラムされます。遅刻してはいけない、遅刻してはいけないと思っているのは意欲ではありません。目的設定が意欲になっているか、現状の否定的な状況を「こうじゃないよ」と言っているかでは大きく違います。意欲になっているか問題意識があるかの違いがあるので、このアウ

アウトカムモデル

アウトカム＝目的、ゴール、成果、
　　　　　　ビジョン、望ましい状態…

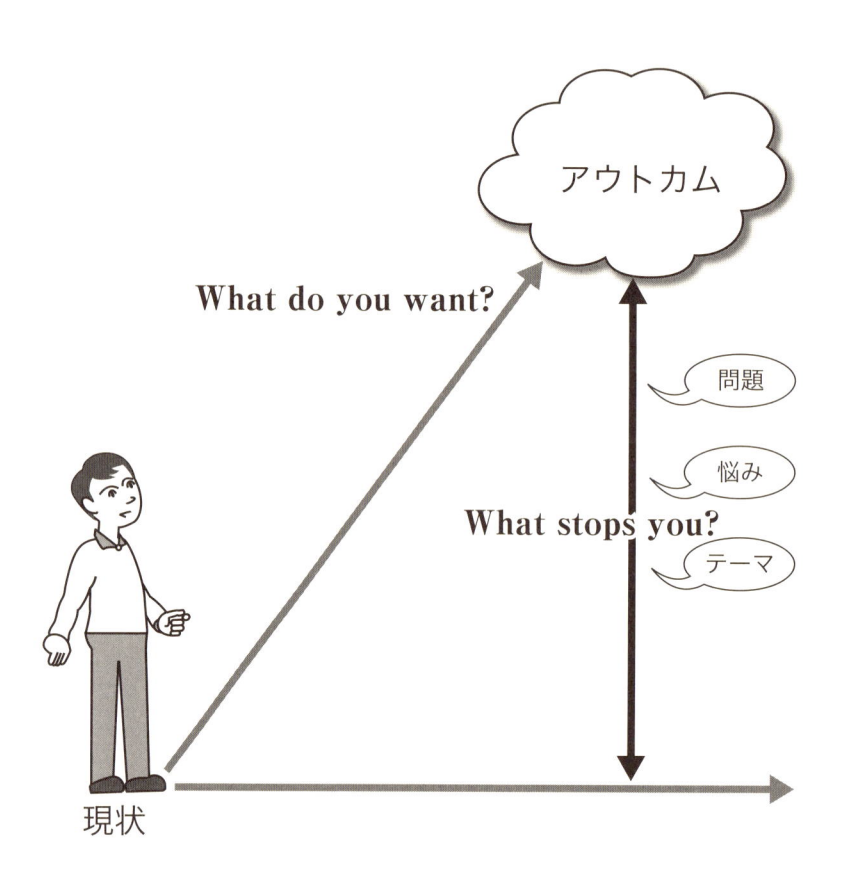

アウトカム

What do you want?

問題

悩み

What stops you?

テーマ

現状

トカムモデルで区別化します。

多くの人は自分の目的が否定的なものを否定して設定いるとは思っていません。「これいやなんですよね、こういう結果にはしたくないんですよね」とは現状の否定でしかありません。だからいつも遅刻はくっついていて、一回や二回、今日は遅刻しなかったねというレベルでは遅刻は直りません。でも時間を守る、時間を守って学校に行くというポジティブな言葉で表現すると、行動が急速に変わってきます。脳には否定そのものが存在しないと言われています。文字として「遅刻しないように」という言葉は存在しますが、脳は遅刻しないようにという否定が認知できず「時間を守る」という方が速やかに反応できるのです。

ポジティブな言葉で表すというのが大事です。数字とか文字ではマイナスが存在し、文章では「何々しないように」という表現ができますが、脳は否定語を感知しないのです。

セミナーの中でよく事例として出すのは、「皆さん白熊を想像しないでください」という指示をします。その瞬間に、人はまず白熊を想像しているわけです。「これじゃない」と作業をします。

ピンクのライオンでもいいのですが、「それを想像しないでください」と言ったときに、

もう明らかにピンクのライオンをイメージして、ピンクのライオンを消しゴムで消して、ピンクでなく、他の動物をイメージします。「茶色いたてがみのライオンを想像してください」とポジティブにストレートな表現が大切なのです。

アウトカムの設定は、実際にこうなりたいことを目標・ゴールとします。子どもならば成績がよくなるとか、運動の大会で優勝するとか、ポジティブな領域で言葉にすることが大事です。ただしそれは今は手に入っていないので、そこにギャップが生じます。それを手に入れることを阻む要因（What stops you?）が存在しているわけです。それは簡単な障害かもしれないし、人生のテーマのような大きな問題かもしれません。

例えば、運動で１００ｍ走を15秒台にしたい。「でも無理」がここにあるわけです。それを取り除いてあげると15秒台の可能性が生まれます。問題があるからあきらめてしまうのではなく、それを乗り越えるべきテーマにするのです。問題があるということは逆に、望ましい状態があるからこそ生じるテーマです。

アウトカムがあるから問題が見えてくる。両方にアプローチできるというのはとても大事です。自分のマイナス面もプラス面も何かには役立っています。日本語で言えば陰と陽。それから影という言葉、陰は悪いだけではなく、陽を支えているものなのです。欠点と思っていることも、ときには長所になりうるのだということに気付くと、子どもに対してこ

1章　教師のためのＮＬＰ理論《NLP応用編》

の子は悪い子だ、欠点だらけの子だとラベル付けしていたものを、そのラベルを取り替えることによって、別の面が伸びてくる可能性があるのです。

ＮＬＰのユニークなところの一つに、「成果が手に入ったらどのようにわかりますか？」という、成果のエビデンスを語らせることです。

例えば成績がよくなることが望みです。「それが手に入ったらどうしてわかりますか？何が見えます？自分はどんな感じですか？」「先生から褒められている絵が見えます。自分の体の感じはわくわくします。お母さんがすごく喜んで手をたたいている絵が見えます」と想像させ答えてもらいます。

まだ手に入ってないのだけれども、人間はタイムラインを自在に動くことができ想像できるわけです。自分の望ましい状態をＶＡＫで体験させるのです。「まだやってないからわからないよ」ではなく、「もしわかったとしたら、できたとしたら」と、as if を使ってアウトカムを広げてあげることが大事なのです。

「もし私だとしたら」というリードの方法もあります。「こうしなさい、ああしなさい」というのではなくて、「もし私だとしたら」というアドバイスの仕方は効果的です。

「もし私が１００点取ったとしたら」という膨らませ方ができれば、１つのイメージの事例ができるわけです。直接アドバイスをせずに、私の事例で見せてあげる。選択肢が増

73

え、可能性が増えます。

こうしなさい、ああしなさいと言われ慣れているからこそ、考えることを止めてしまっている子どもたちをもっともっと自由に発想する子に育てていくためには、「もし私だとしたら」と事例でリードしていく方法が必要でしょう。

また、客観視して状況を把握することは、視野を広げるという意味でも、「こうでしょう、ああでしょう」だけではなく、この人が見たらどうなんだろう、お友達が見たらどうなんだろう、あるいは校長先生がそれを聞いたらどうなんだろうという、ポジション・チェンジをしていろいろな人の立場になって発想するというのも、教育には必要なことです。

いろいろなものの見方ができることは、たくさんの可能性をもっているということです。たくさんの可能性を広げる質問ができるようになることが、NLPのひとつの役割です。

NLPには『エクセレントライフを作り出すために生まれてきている』という前提があるので、ポジティブなアウトカムを設定し、「どんどん望んでいいんだよ」、「もっともっと欲しいもの、欲しい結果、欲しい状態を探求していいんだよ」という訓練でもあります。

NLPの基本前提とリンクさせると、理論としてもわかりやすいでしょう。

「生徒が興味をもってくれる授業をする」というアウトカムは、楽しいあり方や工夫、

どうやったら生徒たちが聞いてくれるのだろう、どうやったらおもしろい授業になるのだろうという工夫すること、考えることを深めてください。

教師としてのあり方をトレーニングし探求していくと、自分の情熱に触れ、本来こういうことで私は教師になりたかったのだというスタートのころの感覚が呼び起こされます。

自分の在り方に意識を向けて、楽しい授業にできるような方向に向かいます。NLP心理学が、子どもたちが楽しく意欲的に成長するための考え方を養うきっかけになればと思います。

NLP実践編

メタモデル

■相手の深層部から欠落した情報をとらえる■

NLP理論の中にメタモデルという言語モデルがあります。

メタモデルの表層部は、言語化されて、表現された言葉になった部分です。深層部には、自分の完璧な体験が存在しています。深層部から、言葉をさがし、自分の体験を相手にわかってもらおうと思って表現します。しかし表層部と深層部の間には断層があって、そこで省略し、一般化し、歪曲をして表現します。

自分の一日の体験を完璧に話すとしたら、明らかに一日以上かかってしまいます。しかし日常のコミュニケーションでは一日の出来事を省略したり、過去の体験と比較したりしながら要約して話します。省略や一般化が行われているため、欠ける情報がでてくるのです。

例えば、「私ね、昨日飲んじゃったんですよ」と言ったとしましょう。聞く人は「二日酔いで体調が悪いのだな」とか、にっこり笑っていても、「何か好きで飲んじゃったけど、後悔しているのだな」など、心の中で勝手に想像します。

1章　教師のためのＮＬＰ理論 《NLP 実践編》

メタモデル

> コミュニケーションの中で効果的な中断・介入（質問）を行うためには効果的な情報収集がカギとなります。

表層部 surface structure（言語化等されて表現された部分）

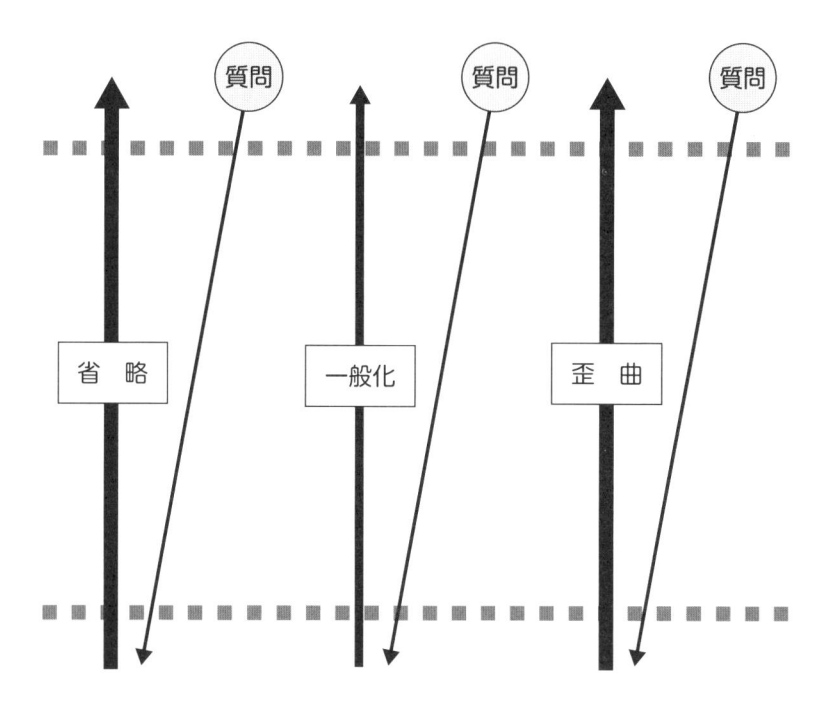

質問　　質問　　質問

省　略　　一般化　　歪　曲

深層部 deep structure（完璧な体験がある部分）

「飲んじゃった」という言葉が、相手の脳の中の言語マップの中では、「お酒」というところで反応して、人はそれぞれ「お酒飲んだんだ」「何飲んだのかな？」、「一生懸命仕事しなきゃいけないのに」など様々なニュアンスで想像します。そして、日常のほとんどの会話は、「飲んじゃった」、「ああ、お酒だな」と、言葉のマップでは、省略され、一般化され、歪曲されてしまうのです。

相手の言葉を自分のマップの中に取り込んで理解したつもりになってしまうのです。飲み方も各人各様、個人差があるはずなのですが、言葉のマップでは、省略され、一般化され、歪曲されてしまうのです。

メタモデルは、相手の体験をより具体的に理解するための情報収集の質問のことです。

つまり、相手が伝えたいと考えている隠れた意図を引き出すための質問話法です。いわゆる5W1Hの質問話法ですが、NLPでは「なぜ」という問いかけは、その人の信念をきき出す時に使います。

子どもが、30点しか取れなかったときに、30点しか取れなかったという体験を本人がどうモチベーションにつなげるかを考えるために、質問をしていくわけです。「なぜ30点だったの？」と「なぜ」から問いかけると、言い訳で「ゲーム楽しんじゃったから、だめだ

80

ったんです。勉強しなかったんです」で、終わってしまう。その時に、「あなた、どう思っているの？　どう感じてる？」という、省略された何かを聞きだす必要があります。

『また先生に怒られるし、お母さんにも怒られるし、ものすごく嫌な気分だ』など深層部には省略されたものがあります。相手の体験の中にある言葉で、本人が30点の意味を考えるような質問をしていくのです。頭が良くて100点とるのが当たり前、100点とるためにはあらゆる努力をするという、先生や親が、その言語マップのままで子どもに説教すると、「お前、バカだ。何もしていないじゃないか」という責めの言葉と、「はい」と聞いているようなフリだけで、叱るだけで終わりでモチベーションを奪ってしまいます。

相手の深層部にある、本当の理由を、この質問によって聞く必要があるのです。省略されているものを言語化させるという仕組みがメタモデルの質問です。

マップ、地図というのは、実際の地形、そこにビルがあったり、谷があったり、川があったりするものとは違います。平面にするために省略をしています。表面に出てきたものだけで判断してはいけません。そこの言語の下にある実際の地形の出っ張り、引っ込みを聞くのがメタモデルの質問の前提です。

人は、ほとんどが聞いた言葉を自分のマップに入れて、自分の体験で理解するので、お説教になったり、忠告やアドバイスだけになってしまう。相手に考えさせるということを奪ってしまう。先生方は、この状態を知って、いかに質問で相手の意欲を引き出していくか、それを学んでいただきたい。

リソースアンカリング

■いい状態を体に覚えこませる■

アンカリングというのは、無意識にうまくいっているものを意識化させ、それをリソースとして集中させ、その良い状態を再現させ定着させるというものです。そして必要な時に発動させるエクササイズです。

リソースとは、資産とか資源、才能、必要なもの……という意味の言葉です。リソースに満ち溢れているのを実感している状態がリソースフルな状態です。自信に満ちている、達成感を味わっている、喜びに満ちている、やすらぎに満ちている、など人により様々な場面や感覚があります。

そのリソースフルな状態、うまくいったときの考え方や動き方を聴きながら、キーワードなどをバックトラッキングして、良い状態のピークを観察してピーク時に腕に圧を加え、体に覚えこませます。そしてまた、同じ圧を加えることで、同じリソースフルな状態を発動するというのがリソースアンカリングです。リソースフルな状態をアンカー（錨）のように沈め、いつでも再生できるようにするのです。

1章　教師のためのＮＬＰ理論《NLP実践編》

子どもが30点を取りました。先生に怒られました。もう萎縮して、本当はもっと頑張ろうと思ったけど、先生にも怒鳴られ、お母さんにも叱られ、その30点の嫌なことを思い出すたびに憂鬱になってしまう。そんなときに、このアンカリングで、その嫌な感覚を取り除くというスキルがあります。自分をいつも元気にする、いつもやる気にさせるリソースを集結させるという方法にも使えます。

点数が悪かったというときに、その点数の悪いことを話すのではなく、うまくいったときのことを思い出させて、その良いリソースを集中してアンカリングします。すると意識に変化が起きます。これがアンカリングで、負の状態を潰し崩すというものです。

幼稚園の子どもで車酔いする子がいました。車は気持ち悪くなるからと、いつも電車でという子がいました。それが、楽しい遠足に行くときに、ブランコは大好きでその楽しくゆれる感じをリソースとしてアンカリングをしたことによって、車酔いが消えてしまいました。それを自分の子どもにやったお母さんは、車酔いを直せるお母さんと言われて、幼稚園で、他の子どもたちにもアンカリングを頼まれたというエピソードがあります。

相手の視覚を使って、アンカリングをするのです。サッカーで見事にゴールしたシーンをイメージし、「すごいなお前？　よくやったじゃない？」と、明らかに素晴らしいとい

うポーズや言葉かけをして、その子の中にアンカリングし、嫌なことがあったときも、「そうか。それは辛いな。でも、あの時サッカーのゴールを決めたお前がいたよな」というふうに、言葉とその光景を思い出させ、相手の体験を変えていくことができます。「マイナス」から「プラス」の領域にアンカリングで変えていくことができるのです。

例えば、スポーツ選手のジンクスとか、勝負カラーとかはアンカリングの一種です。ゴルフプレーヤーのタイガーウッズは、これぞというときに、赤いポロシャツを着ます。あれも自分の体感覚と視覚を使ったアンカリングです。これで勝ったから、また勝つぞ。これを着ていたから、あのピンチにも勝てたぞという、その思考の中にあるリソースを象徴しているのです。

野球のイチロー選手は、打つときバットを前に、日本刀を構えて上に振り上げるような仕草をします。あれも彼にとっての、筋肉を通して、ヒットを打つというアンカリングです。

先生が、良い感じで肩を軽く叩いて、「これを信じてやるんだよ」とか、「これがお前だよ」というような力付けで、アンカリングをする。

そして落ち込んでいるときには、「どうだ？」といって肩を軽く叩く。先生に褒められて叩かれたというのが意識に入っていれば、一瞬のうちに元気になってしまう。これは体

1章　教師のためのＮＬＰ理論《NLP実践編》

リソースアンカリング

1．B：「あなたがリソースフル※だった出来事をひとつ思い出してください」
　　※リソースに満ち溢れた状態。リソース…資源、資質。目標を達成するために手に入れられる全てのもの。自分の身体的状態、心理的状態、体験、人的ネットワークを含む。
　　A：【例】「仕事がうまくいって上司に褒められた」「結婚式でバージンロードを歩いたとき」
2．B：「そのリソースフルな良い状態の体験を今ここで再体験してみましょう」
　　その場面を思いだしてその状態を言葉にしていきます。
　　「何が見えますか？　聞こえますか？　何を感じますか？」代表システム（VAK）を聞く質問
　　B：Aにアンカリングする。（アンカリングの定着）
　　　Aの良い状態のピークを観察して、バックトラッキングしながら腕に圧（あつ）を加える。
　　　ガイドのカリブレーションのポイントは、顔の表情や顔色の変化、声の調子や呼吸のテンポ等
3．Aの状態の変化をカリブレーションして、嫌な感覚がなくなったことを確認する。

◎出来事を聞き、リソースフルなポイントをつかみアンカリングする
◎効果的なアンカリングをする４つの注意点
　①感情のピーク／純度を観察する
　②タイミングはピークの直前
　③復元力／正確さ／ユニークであること（同じ場所、同じ圧）
　④バックトラッキングは声のトーンを効果的に使う。
　　身体に触れる承諾をとること。今回は全員腕に行う。
　　利き腕でタイミング良くアンカリングする。

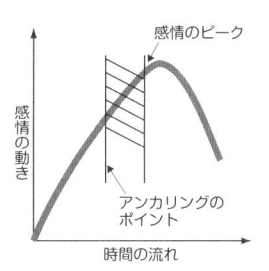

感覚を使うアンカリング。視覚を使うのは、先生自身が、目を大きくぱっちりあけて、相手の目を見て、ボディーアクションをしながら示す。声のトーンもすごく大事です。声のトーンというのは、聴覚を刺激するという意味で、VAKのアンカリングです。

アンカリングは、自分で「よっしゃ！」でもいいし、「よくやった！」でもいいし、手を叩くのでもいいでしょう。リソースフルな感覚をいつでも自分で再現できるように、持っていってください。言葉をつけるとか、手を動かして、ガッツポーズするとか。心の中で見ていた絵を実際に、筋肉を使ってやってみるのです。

アンカリングを使った例。

不登校の小学3年生のTくんです。突然、一人では学校に行けなくなり、幼児帰りをしてしまったようにお母さんにしがみついて離れない、という状況が毎朝繰り返されていました。お母さんに手をつないで連れてきてもらうと、やっと学校に行ける、という状態です。

その子がNLPのカウンセリングに来た時のことです。

「自分が風船になって、フワフワとどこにでも飛んでいけるんだ」という想像をして、イメージしてもらいました。眼を閉じて、風船になったところをイメージして、

「野原をフワフワ、フワフワと気持ちよく飛んでいます。そのまま大きな山も越えていきます。そしてフワフワ、フワフワと飛んでいき、一人で海を超えることもできます……」

と想像を膨らませてイメージを繰り返しました。

「学校に行くときは、風船になったTくんをお母さんが飛んでいかないようにしっかり手に持っていくんだよ」

「学校の門の前で、お母さんが手を離すと風船のTくんは、フワーッと飛んで教室にスーッと吸い込まれていくよ」と、いうイメージを繰り返し描いて、しっかりと定着させます。この「風船でフワフワと飛んでいく気持ちの良い状態」をイメージさせ軽く肩に触れてアンカリングしたのです。

次に学校に行った時には、お母さんは学校の中に入らず、校門の前で「風船のようにフワフワ飛んで行くんだね」と声をかけて手を放し軽く肩を押しました。Tくんはそのまま学校に一人で入っていきました。日を追って手を離す場所を学校から離れた所にしていき、2週間で一人で学校にいけるようになったそうです。

これは「風船になって飛んでいく」というリソースフルな状態をイメージや言葉でアンカリングすることによって身の中に勇気づけや自信が湧いてきて、「お母さんと一緒でないと学校に行けない」時に、「一人で学校に行く」という行動ができた、という例です。

このように、「どうして一人で学校に行かないの?」、「何があったの?」など原因を追究するのではなく、リソースフルな状態が力づけになって、不安な状態を潰し、行動を促すこともできるのです。

88

ビジョン・タイムライン

■意識の中にある時間の流れ■

人間には、昨日、今日、明日というように、過去、現在、未来の時間軸を持っています。しかも思考の中で、自分の時間軸を自由に行ったり来たりすることができます。意識の中に持っている時間の流れは一本の線になっています。これをタイムラインといいます。

まずタイムラインを決めます。去年、現在、1年後、2年後、3年後というふうに、時間軸を決めます。

アウトカムを決めます。つまりゴール設定です。できるだけ具体的に、期限も設定します。

できたらいいよなというのではなく、成績が良くなること、あるいは何かのコンテストに優勝するなど具体的な設定をします。

そして、次は大事な質問です。これはイエスかノーかで答えてください。

「それ（アウトカム）は実現可能ですか？」
「あなたはそれを実現する能力を持っていますか？」

タイムラン

　　　　　「幼い頃大好きなおばあちゃんから"かわいい子だね"と誉められた」
　　　　　等々
8．「Aさん、過去へ後退しながら、1つ目の**リソースフルな体験の場所**で止まります」
　　「どんな出来事を思い出しますか？　いつごろのことですか？」
　　その出来事を再体験し、あたかもその出来事の中にいるように話してください」
　　Bは、Aが話しながらリソースフルな体験をしているのをバックトラッキングしながら、アンカリングします。（注意深いカリブレーションが必要です）
9．「Aさん、2つ目と3つ目のリソースフルな体験を探しに更に過去に戻ります」
　　Bは8～9の要領でそれぞれアンカリングをします。
10．「Aさん、3つのリソースを再び体験し、統合しながら現在まで戻ります」
　　Bは必要に応じて、バックトラッキングしながらアンカリングを加えます。
　　現在まで戻ったら、BはAに「今どんな感じですか？」と尋ねます。
11．「Aさん、再び未来に向かってリソースフルな状態で進みます」（Bはアンカリングを続ける）
　　2～3歩行って止まります。
　　「その途中の経過がどんな状態かを話してください」

　　「更に進み、アウトカムを手に入れた未来のところまで行きます」
　　「それを存分に体験します」「どんな体験ですか？」（深呼吸）
　　「Aさん、その体験している感じをあらわす**ポーズ**と言葉を決めます」
　　「アウトカムを手に入れた状態を自分でアンカリングします」
　　（過去の3つのリソースと、ここでアウトカムを達成している状態をアンカリング）

▶この実習の始めに言語化した**アウトカム**が、今どのような形で明確になりましたか？

ビジョン・

1. タイムランを決めます。

   過去 ——————●—————→ 未来
              現在

2. アウトカムを設定します。　＊具体的なもの。期限も設定します。
   Bは「アウトカム（望ましい結果）は何ですか？　いつまでに手に入れたいですか？」と質問します。Aは言語化します。
3. Bは、次の3つの質問をします。AはYesかNoで答えます。
   「**それ**（＝Aの言ったアウトカム）は実現可能ですか？」
   「あなたは**それ**を実現する能力を持っていますか？」
   「あなたは**それ**を手に入れるのにふさわしい人ですか？」
   ※Bは**それ**を具体的に伝える。
   ※Aの答えにひとつでも NO があったら、「アウトカム」を変えて、もう一度初めからやり直す
   Bは、Aの答えがすべて YES であることを確認します。
4. 「Aさん、タイムラインの現在の位置に立ちます」
   「そして、未来の方を向いて、もう一度アウトカムを言語化してください」
5. Bは、Aを未来に向かって言葉でガイド（誘導）します。
   Aは2歩、3歩進んだところで一旦立ち止まります。
   Aが止まったところでBが質問します。
   　「そこはどこですか？」　　「誰がいますか？」
   　「何をしていますか？」　　「何が聞こえますか」
   　「体の感じはどうですか？」「どんな状態ですか？」
   Aはあのアウトカムを手に入れつつある様子を、**現在形**で話します。
   不安があったらそれも伝えます。
6. 「さあAさん、あのアウトカム（＝Aの言ったアウトカム）を手に入れた未来のところまで更に進みます」
   「そして、その様子を話してください」
7. 「Aさん、前を向いたままゆっくり現在に戻ります」
   「更に、過去へ戻り、3つのリソースフルな体験を探しにいきます」
   　　例）「希望の学校へ合格した」
   　　　　「念願の資格を取った」
   　　　　「スポーツの大会で優勝した」

「あなたはそれを手に入れるのにふさわしい人ですか？」

リラックスして、自分に問いかけ、イエスかノーかを答えてください。

P90〜91の図を参照してください。過去のリソースフルな体験からリソースを取り入れてタイムラインを進み、更にアウトカムを手に入れた状態を自分でアンカリングするのです。それを存分に体験します。そして、アウトカムを手に入れた未来まで進みます。

ビジョン・タイムラインは、アンカリングとタイムラインを1つにしてスキルにしたものです。

スウィッシュ

■いやな体験・行動を望ましい体験・行動に入れ替える■

例えば友だちに意地悪をされて嫌な思いをして、友だちの前に行くたびに、嫌な感じがして、萎縮してしまう、自信をなくしてしまうときに、視覚や聴覚を使ったスウィッシュというスキルがあります。

忘れたいと思っている嫌な体験を思い出して、それを1枚の絵、あるいは1枚の写真のようにします。子どもで言えば、友だちにいじめられて嫌な気持ちになっているという絵です。もう1つは、その人と仲良くしている、あるいは穏やかに話しているという絵を作ります。2枚の絵をはっきり明確に作ります。

いじめられているいやな絵。もう1つは、その人と会ってもビクビクしていないおだやかな自分、またはその人と仲良く話している、理想の絵をつくるわけです。

いやな場面の絵を手前に、望ましい絵を遠くに、それぞれをガイドが右手と左手とで示し、その2つを一瞬で入れ替えます。いやな場面に出会っても、不快感や恐怖感が起きなくなるようにするエクササイズです。

93

これを何回かしているうちに、嫌なものを見たときに、新しい絵をフッと視線を上げてみて変わることによって、その嫌なアンカリング、負のアンカリングされていたものが、消えます。それが**ビジュアル・スウィッシュ**です。

聴覚を用いたスウィッシュをオーディトリー・スウィッシュといいます。友だちに「バカ」と叱られたいやな体験。その「バカ」という声を思い出すと、体が萎縮して、やる気がなくなって、学校にも行きたくなくなってしまう。そんなときに、このオーディトリー・スウィッシュを使います。

目の前にスピーカーをイメージして、外から、友だちの「バカ」と聞こえそうになると嫌なので、すぐスイッチをオフにして電源を切る。「シュッ！」と一瞬で入れ替えるわけです。イメージで、そのスピーカーから出かけた声がフワーッとスピーカーの中に入って戻ってしまう。その途端に今度は、頭の中に、別の人の声でもいいし、先生がすごく褒めてくれたという声を、シャワーのように聞くのです。それはイメージと実際の視覚と聴覚を使いながらやる。深呼吸しながら、その良い声を降りそそぐシャワーのように聞くというエクササイズがあります。

そして、深呼吸しながら、波の音を聞く。海辺で波の音を聞いている。またスピーカー

1章　教師のためのＮＬＰ理論《NLP実践編》

ビジュアル・スウィッシュ

嫌な状態の絵と、望ましい状態のイメージの絵とを一瞬で入れ替えるビジュアル・スウィッシュ

をイメージして、スイッチオンにして、次に先生の声が出始めて、自分に届く前に入って、いい声が聞こえる。これを3回ぐらい繰り返すと、初めに作られていた、プログラムされてしまった嫌な過去の新しく体験が崩されて、別のものへとリプログラムするわけです。それによって、嫌なものを消すというスキルです。これが、オーディトリー（聴覚）のスウィッシュです。

　ビジュアル・スウィッシュは子どもの苦手意識をなくすのにも使えます。自分の将来的な姿、一生懸命やっている姿、やり遂げた姿を、視覚、写真にして使うこともできます。これを熟知していれば、子どもが気落ちしているときに、手で行ってもいいし、色の違う2つの紙で、黒い紙と、ピンクの紙や白い紙で一瞬に入れ替えてもできます。

オーディトリー・スウィッシュ（聴覚変換）

1. Aは過去にあった忘れたいと思っている嫌な体験の出来事を通して思い出される言葉の声を聞き、体験する。そしてどんな感じかを言語化する。
   [例：人から「何をやらせてもだめね」と言われた。「どうせ自分はだめな人間なんだから」という自分の声。
   新しいことをやるとき「おまえには無理だね」と親に言われた。
   自分の内的会話で「できなかったらどうしよう～」]

2. ブレーク・ステート（中断）　　[例：昨日の夕食何食べた？]

3. 望ましい状態を思い浮かべ、その時の励まし、または承認の言葉を探し出す。物事が順調に進んでいるときや、とてもよい結果を出しているときなど。

4. ブレーク・ステート（中断）　　[例：～さんの服は何色？]

5. スピーカーをイメージする。
   そこから1．の嫌な声や言葉が聞こえ始めてきたら、スピーカーの電源を切る。するとその声が吸い込まれるように消えていく。
   と、同時に3．の励ましの声があなたの回りで反響しながら鳴り響く。
   あるいはその声がシャワーのように、光のようにあなたに降りそそぐ。

6. ブレーク・ステート（中断）　深呼吸をしながら波の音を聞く。

7. ガイドがサポートしながらゆっくりと5、6番を繰り返す。更にクライアントひとりで3回速く繰り返す。

8. **テスト**　1．の嫌な言葉や声を思い出してみると、どんな変化がありますか？

ビジュアル・スウィッシュ（視覚変換）

1. Aは過去にあった忘れたいと思っている嫌な体験の出来事を思い出して、1枚の絵にイメージにします。その絵にアソシエイトして、どんな体験かを言語化してください。

2. ブレーク・ステート（中断）［例：あなたの電話番号の下4桁は？］

3. その嫌な体験をあなたにとって望ましい状態に変えて、1枚の**絵にします。**
   （問題がすべて解決されていて、気持ち良く生き生きとした状態）

4. その望ましい状態の絵を右手に示し、白黒に変えて、小さな点になる程遠ざける。
   次に嫌な体験の絵をカラーにして目の前に左手で示す。
   （気分が悪くなるほどには近づけないように）
   そして、「1、2、3、シューッ！」という音ともに、速やかに右手と左手を入れ替える。
   嫌な絵は白黒になり、飛んで行ってしまう。
   望ましい状態の絵は目の前に来た時に、カラーに変わる。Aはそのときに大きく粋を吐き出す。
   5回繰り返し、変化を聞く。（もし変化がない場合は5回、7回と同じことを繰り返す）

5. **テスト**　1．の嫌な体験を思い出し、体験がどう変わっているかを尋ねる。
   （もしも変化がない場合は**変化を拒否する**裏側にある肯定的意図を聞く）

注意点：　＊2枚の絵をはっきり明確に作る
　　　　　＊スウィッシュを始める前の絵の位置
　　　　　　嫌な絵は下、望ましい絵は上
　　　　　＊手の位置
　　　　　＊手を動かす速さ、タイミング、滑らかさ
　　　　　＊深呼吸　吐くので事前に吸っておくこと

サブモダリティ

■視覚、聴覚、体感覚など五感を構成するもの■

スウィッシュの一種にサブモダリティ・チェンジというスキルがあります。自分にストップをかけるような声、苦手な人の姿などを思い出し、大きさや位置や色などを変えることによって、制限をはずし苦手感をなくすスキルです。

サブモダリティというのは、五感を構成しているもの。サブというのは、支えです。モダリティというのは、五感のことです。日本語で言えば、五感を支えているものという意味です。サブモダリティという言葉はNLPでよく使うので、そのまま使っています。

ちょっと集中してエクササイズをしてみましょう。それをやると、同じ絵でも、嫌な気持ちがなくなるというふうに使うことができます。サブモダリティ・チェンジといいます。

「好きな人のイメージはどこにどんなふうに見えますか?」
「嫌いな人のイメージはどこにどんなふうに見えますか?」

嫌いな人を好きな人の方に移動させてみる。それを変えるだけで、冷静になったり、痛みが少なくなったり、嫌いな人を好きな人のイメージはどこにどんなふうに見えますか? 心の動揺が少なくなったりします。

サブモダリティというのは、意識して、また無意識にいつも見ていたり、聞いていたりするものです。心の中で、出来事の映画や写真を見ているような感じと言ってもいいかもしれません。嫌な出来事やイメージを、嫌な気分で見ている時、その像画の位置を変えたり、明るくしたり、カラフルにしたり、あるいは静止画だったものを動かしてみることによって、記憶のプログラムが変わっていく可能性があるのです。そういう意味で、サブモダリティを変換させることは意識を変えるのに役立ちます。

例えば、教育現場で使うとしたら、自分の苦手な生徒のイメージの位置を、関わりやすい生徒のイメージの位置へ移動させるとその生徒への苦手意識がなくなる、などがあります。

「あいつは嫌だ」と思っている子を思い出すときは、イメージする場所が必ず違います。自分のポジティブな感じで良い子を思い出すときと、嫌な気持ちが体感覚に定着している。イメージを作るところと、ネガティブなイメージを作るところとは違うので、嫌な子をポジティブなイメージを作る領域に移動させて見てみると（イメージの中でスウィシュする）、「また嫌なあの子とどう関わろう」というその嫌な感覚や不安が減って、実際に非常に自然なかたちでその子に、関わることができるのです。

1章 教師のためのＮＬＰ理論《NLP実践編》

サブモダリティ（五感を支えているもの）		
サブモダリティ のポイント	好きな人を 思いうかべたとき	苦手な人を 思いうかべたとき
絵を見ます		
Ｖ 視覚	[どんな絵？] 絵の位置は？ 距離は？ 全体か一部か？ 明るい、暗い？ 鮮明度は？ カラー、白黒？ 動画、静止画？		
音や声を聞きます		
Ａ 聴覚	[どんな音、声？] 音声の大きさ？ 音源の方向？ 音源の距離？ テンポリズム？ （例：速い、遅い）		
見て、または聞いて、どんな感じ？		
Ｋ 体感覚	[どんな感じ？] 感じる場所は？ 重さや軽さは？ 感じの強弱は？		

2章

先生と子どもをつなぐコミュニケーション

クラスとのコミュニケーション

楽しい授業にする工夫

■生徒とラポールがとれた授業を■

先生は、教える教科に対して、「これを勉強すると、こんなに楽しいことがある」という考え方、意味づけを持つ必要があります。「100点取るために、ただ覚えるべきだ」と教えるだけでは生徒はついてきません。もちろん100点を取ることは大切ですが、それがどれだけ人生で役に立って、日常生活に役に立つものなのかということを、授業の中で教えていく習慣や仕組みをしっかり持つことが重要です。

先生は、文部科学省からのトップダウンで、「これを教えなさい」と言われているから教えていますという、ロボットになってはいけないということです。

授業中に生徒とラポールを取り、先生が楽しんで弾んだ声や、大きな声や、やさしさにあふれた声を使って生徒と思い切り関わると、子どもは、もう完全に先生に集中してきます。

NLPを使って、英語を教えている人がいます。あるテレビ局が、英語の授業を取材に

来ました。カメラを持ったおじさんとか、ライトをつけているおじさんや記者の人が4、5人行っても、子どもたちが見向きもしなかったといいます。普通、気が散って、珍しいおじさんが来たとキョロキョロ見るでしょう。それが子どもたちは、英語の授業に集中していたそうです。

その先生はやはり、バックトラッキングしながら「どうしたい?」という未来への肯定的質問をしたり、アウトカムモデルを書かしたりしています。しっかりラポールのとれた授業を通して、先生が一方的に喋るだけでなく、体感覚にも問いかける。「今、どんな感じ?」「どう思う?」と生徒の気持ちを聞きだしている。子どもたちは言語化することで、高揚し集中する仕組みができ上がってきます。頭で考えているだけで、体感覚を機能させていないときは、ポジティブな高揚はありません。冷静にさせ、考えさせ、それをどんどん言語化させていくのです。

低学年の子どもは体感覚が優位です。それを上手に利用すると、意欲も湧いてきます。「どう思う」とか、「どう考える」というよりも、「どんな感じ?」とか「こんな感じ?」という言葉を、理屈抜きで、この先生は授業で上手に使っています。「すごいね。先生もそう思う」「先生もうれしい」と承認の相づちをうちながら授業を進めています。

人間は、視覚、聴覚、体感覚をまんべんなく使うことが大切です。NLPを勉強してい

る人たちは、みんな「楽になる」という言葉を共通して使います。楽でない仕事のやり方をとっている人は、聴覚のみで考え分析し、正しい・まちがい、良い・悪いで判断して視覚や体感覚をあまり使ってないことが多い。まんべんなく五感を使うと、仕事がすごく楽になるものです。

　五感を使っていくと、先のサブモダリティも上手に使えるようになります。これが楽しく授業するコツです。

　先生自身が、この子たちの卒業する時や、2年生が3年生に進級するときをイメージしながら教えていくのは、とても大切なことです。ただ、カリキュラムだけを見ながら、将来のことを考えずに教えていてあなた自身も楽しくはない。視覚で絵を見ながら、文章化されたものを、ワクワクしながら教えていくのが、「楽しく教える」という部分なのです。

2章　先生と子どもをつなぐコミュニケーション《クラスとのコミュニケーション》

NLPを使っての解決法

■ 肯定的な発想の転換を ■

対処法というのは、先生方にとっては非常に楽で、1つの可能性を広げるという意味では、効果的です。しかし、方法論や対処マニュアルに頼るだけでなく、どんなことがあろうが、揺れない自分を作っていくこと。NLPをより高いレベルで理解し、自分に浸透させればゆるぎない自分は可能になります。

親御さんとの問題も多く、親御さんもすぐクレーマーになる。いま問題になっているモンスター・ペアレンツも存在します。いままでの日本にはあまり無かったものですが、クレームしなければ損だという人も増えています。それらにも先生が、堂々と信念を持って対応していただきたいと思っています。

親御さんと先生は戦っても、勝負にはなりません。この争いには、どちらにも勝ちはない、ネガティブな状況があるだけです。人間の行動の裏側には必ず肯定的な意図がある、というNLPの前提があります。肯定的に発想を転換していくのが、大事なのです。なぜそれらのマイナス行動を取るのかというところです。

109

子どもたちのやる気がない、宿題をしてこない、勉強が面倒、というこの3つに関しては、アウトカムモデルが有効です。

アウトカムモデルで目的を設定するためには、ネガティブなもの（問題・悩み）と区別化できている必要があります。特にやる気がない、などの3例に関しては、目的意識に欠けている、または先生の注目を集めようとして、ネガティブな行動を取っている場合もあります。

最近の子はすぐ「できないよ」、「わかんないよ」と言います。なんのために勉強するかわからないから勉強しない。これはアウトカムモデルを使って改善できます。「もしやったとしたら」とか、「もしできたとしたら」というように可能性を導き、子どものアウトカムを設定すると方向性が定まるので、現状のネガティブな行動を変える方向に向かいます。

ネガティブな行動がパターン化されて、人の注目を取るというのが繰り返される場合が多いのです。

こんな場合、先生方に、「あなただったらどうしてますか？」という質問を投げると、声を枯らして怒鳴っているし、命令と禁止で対応しているという答えがほとんどです。

110

人間が0歳から、2、3歳と成長する過程の中で、命の安全のうえから、親や周囲の人は命令と禁止で育てています。3歳、4歳と自我が目覚めてきますから、それからは命令、禁止だけではなくて、どうしたいという、What do you want? という意識を教育していく必要がでてきます。

最近は、ご近所づき合いが希薄になってまわりの人からのサポートが少なく、先生はこの領域もしつけ教育しなければならない。おそらく大学に行っても命令と禁止が使われていて、「この頃の若い者は」とか言われながら、否定されて育っているのの表れでもあります。

昔は、大学を卒業する22〜3歳で思春期が終わると言われていました。しかし現在は33歳くらいまで思春期が続いているというデータが出ています。ということは、親が子どもの成長に見合った会話をせずに、親や先生が、命令と禁止で教育し続けているという一つの表れでもあります。

小学校へ入るころ、6、7歳ころには「どうしたいの？」という言葉を確固として使って欲しいのです。

「勉強したくない」「どうしたいの？」、「宿題したくない」「どうしたいの？」──。

勉強したくない、宿題なんかやりたくないというのは、願望ではなく、現状否定なのです。ですから、アウトカムの図を使って、宿題をしたくないというのは What stops you?

の状況であると区別化して、アウトカムへ向かわせる必要があるわけです。問題、悩みの意識から目的意識に変える必要があるのです。

親も先生も忍耐力をリソースとして使う必要があります。

やる気がない、宿題をしてこない、勉強がしたくないという子には、悩みの部分から少しずつ、「本当はどうしたいのだろう？」ということを、聞き出すのがまず一歩進むことになります。

子どもの中には他の子どもにちょっかいを出すとか、いじめを行うとか、コミュニケーションを取ろうとしない子どもたちにも対応しなければなりません。大声を出して叱って静かになるなら簡単ですが、先生としては、それはしたいことではないはずです。

ポジション・チェンジのワークがありました（P61参照）。子どもが自分でどういう気持ちで悪さをやっていて、それをされた相手がどう思うかというのを、客観的に見せる問いかけ。知覚位置を認識させるワークです。

実際にこの理論を応用した先生の話です。

ある男の子が、新しく転校して来たおとなしい子をいじめはじめた。今までは、いじめ

2章　先生と子どもをつなぐコミュニケーション《クラスとのコミュニケーション》

た本人に、「またやったな」と叱っていたのですが、このワークを応用して、椅子を並べて、第3のポジションに出て客観視させ、いじめた子どもとおとなしい子とその二人を第三者として客観視させてみた。「君が○○ちゃんにとっている行動をこちらから見てごらん」と言って見させて、今度は○○ちゃんの中に入って見てごらんと言って入らせた。そうすると、「それは悪いことだ」と自分を指差したと言うのです。「じゃあどうするの？　本当はどうしたいの？」と、もう一度自分のポジションに戻したら、「仲良くしたい」と言ったそうです。

子どもがネガティブな行動をとるのは、今の風潮として、あんまり他意がなくゲームのようにしてしまうので怖いのですが、もっと心理的なところでは、ある種の期待感があって、それを満足させたいとい願望が根本にあるからなのです。だから、期待していてもその反応がこないと、今度はいじめにエスカレートしてしまう。

その先生は、今度はいじめられたほうの子に、同じことをさせたそうです。その子はごくおとなしい子で、第1のポジションに自分がいて、第2のポジションの相手のいじめた子にチェンジさせた。第2のポジションから見たら、仲良くしようとしているのに、自分が反応しないから苛々するのがわかった。「本当はどうしたいの」と聞くと、「仲良くなりたい」という、そこではじめて2人に話させたそうです。そうしたらすぐ仲良しになったという事例があります。それも瞬間的に、何ヶ月も続いていたいじめが一瞬のうちに

113

本質的な理想的な結果を招いたのです。

女子高でも同じことをやってみたといいます。この意識の変換のワークは、先生がリードできるので、解決の1つの方法として効果的です。

ポジティブな行動には肯定的意図があるのはすぐわかりますが、ネガティブな行動にも裏側には肯定的意図があるということを前提に、人間の行動を理解すると、そこに発展があり、意識がポジティブに変わっていくのです。

2章　先生と子どもをつなぐコミュニケーション《クラスとのコミュニケーション》

命令と禁止

■ 過去に問いかける質問を ■

　教師という、子どもの夢を実現させるミッションを持った人という点では、私立でも公立でも先生には共通の悩みがあります。

　もう本当にボロボロになっていた先生が、学校辞めようか、教師辞めようかと思って私のセミナーに参加しました。

　問題は子どもの父親にあったのですが、NLPのエクササイズを通じて父親への対応が上手くいくようになった。父親が子どもにアウトカムをきくようになり、問題児だったその子にも対応できるようになり、教師としての自信をとり戻したといいます。そして、クラスにはいい子がたくさんいるのがわかり、教師を選んできた理由が自分の中でよみがえってきた。大変は大変だけど、大変に目が行くのではなくて、この子たちの未来、この子たちの人生という大きいところから見られるようになったというのです。

　子どもへの対応を単なる命令禁止ではなく、「どうしたいの？」「本当はどうしたかったの？」との質問に変え、悪いことをした子に対して、「駄目じゃないか、何度言ったらわ

かるんだ」という叱責ではなく、「大変だったね、大変なことになっちゃったね、太郎くんはどうしたかったのかな」という過去形で質問して、ここで考えさせる。本当は今、問題が起こって、殴った、物を壊したのだけれど、「壊しちゃったけど、本当はどうしたかった・・・の?」と、過去に問いかけることにしたのです。

命令禁止で生徒に接するということをきかないので、自分へのストレスも溜まります。怒りと、自分を抑えながらで、力みばかり。すっかり人間不信になっていたのがNLPを学び心身ともに自分の体が緩んで、心も大らかで、「本当はどうしたかった・・・の?」と聞けば、子どもはそれに答えてくれます。

この子はこの子、あの子はあの子、それぞれの個性をユニークさを見極める余裕が出てきた。またADHD、注意欠陥・多動性障害、アスペルガーなど、最新知識も勉強しての中に余裕が出てきた。「自分が自分の人生でどうしたいかを常に問いかけているので、子どもにも問いかけられるようになった」と生まれ変わったように「教師を続けます」と元気になられました。

2章　先生と子どもをつなぐコミュニケーション《クラスとのコミュニケーション》

子どもの安全を守るための命令禁止は必要です。しかし、先ほどお話ししたように「白熊を想像しないでください」だと、いったん「白熊」を想像してから別のものを想像します。なるべく「肯定的な言葉で伝える」ことで、よりその言葉が受け取りやすくなったり、行動に移しやすくなることがあります。

例えば、次のように伝えてみましょう。

○「皆さん、忘れ物をしないようにしっかり確認しましょう」
　⇦
　「皆さん、持ち物を全部持ったのかしっかり確認しましょう」

○「落ちないように気をつけなさい」
　⇦
　「しっかりつかまってね」

○「クラスでケンカをしないように！」
　⇦

「クラスで仲良くしましょう」

このような声掛けをすることで、自分がどうすべきかのイメージがすぐに湧き、さっと行動に移すことができます。「ケンカをしない」と言った時点で、「ケンカ」のイメージが湧いてしまうのです。「仲良く」と表現をすると、子どもたちがすっと動けるような状態を作り出すことができます。
肯定的表現をぜひ習慣化しましょう。

永久言語と一時的言語

■否定的な行動には一時的言語を■

「永久言語」と「一時的言語」をご存じでしょうか？

永久言語は「いつも」や「毎回」など、いつまでも続いていることを暗に示した言葉です。一時的言語は、その反対に、「今日は」や「今回は」など、何かを限定している言葉のことです。これらを意識してしっかりと使い分けることが子どもと接するときにとても重要なことなのです。

例えば叱るとき。Aくんが何か悪いことをしてしまって叱る時に、つい「どうしてあなたは**いつも**こんな悪いことばかりするの！」と怒ってしまうことはありませんか？ この「いつも」が永久言語です。叱るときに永久言語を使うと、「いつも」「悪いことばかりする」「ぼくはいつも悪いことをする子なんだ」という2つの言葉が結びついて子どもにインプットされてしまいます。そして、「ぼくはいつも悪いことをする子なんだ」と自信を失ったり、「昨日はいい子だったのに」と、いいことをしたときのこともすべてを否

定されたような気持になり「どうせいいことしたって……」となることもあるのです。子どもを叱る場合には、ぜひ、一時的言語を使ってください。

今日のあなたはこんな悪いことをしてどうしたの？

いつものAくんと、今日悪いことをしたAくんを切り離してあげる必要があります。そして、「今日はどうしたの？」と問いかけてあげることで、Aくんに「いつものAくんを認めているよ」、「いつものAくんと違うね」というメッセージが伝わって、安心して話すことができます。

逆に、褒めるときには永久言語を使いましょう。例えば、お手伝いをしてくれた時。

今日はお手伝いしてくれて、ありがとう。

と言うと、「今日は」で期間を限定してしまうことになります。永久言語を使って、

今日もお手伝いしてくれて、ありがとう。

というと、「昨日も」「明日も」という意味が暗に示されていて、「お手伝いする」という望ましい状態がさらに強化されていきます。

永久言語と一時的言語は、先生方の声掛けの中で、意識して使っていただくと、子どもたちの様子がどんどん変わってきます。ついつい間違えて使ってしまいがちなので、ここ

に、永久言語と一時的言語の例を紹介しましょう。

◆忘れ物をしたとき
× 「どうしていつも忘れものばかりするの？」　　（永久言語）
○ 「今日は忘れものしたね。どうしたの？」　　（一時的言語）

◆遅刻をしたとき
× 「また遅刻したな」　　（永久言語）
○ 「遅刻したの？　どうしたの？」　　（一時的言語）

◆授業中に話していた時
× 「何度言っても静かにできないね！」　　（永久言語）
○ 「静かにできないの？　どうかしたの？」　　（一時的言語）

◆おとなしく座っていたとき
× 「先生が見ている時だけ、おとなしいじゃないか」　　（永久言語）
○ 「おとなしくできてえらいぞ」　　（永久言語）

◆テストの点が良かったとき
× 「**Bさんにしてはめずらしく良い点だね**」　　（一時的言語）
○ 「**今回もBさんは頑張ったね**」　　（永久言語）

否定的な行動に対しては、一時的言語を使って声掛けをして、負の行動がプログラミングされるのを防ぎます。肯定的な行動に対しては、永久言語を使って声掛けをして、その行動がプログラミングされるのをサポートしていきます。ぜひ、先生方には覚えていただきたい言葉の使い方です。

家庭のルール、教室のルール

■ルールがあるから自由になれる■

お母さんのためのNLPのクラスでのできごとです。

家庭の中でも、お母さんたちにルールの概念をもってもらう必要があります。「何々をやってはいけない」という禁止がルールだと思っているお母さんたちが多いので、まず、「何々しましょう」というルールを作るのです。例えば、「食事中はテレビを止めてお話をしましょう」、「食べたものをお台所に持っていきましょう」、「玄関で靴をきれいに並べましょう」。

ある日、お父さんが夜中の3時ぐらいにすごく酔っ払って帰ってきて、玄関でドタッと倒れて、はいずるようにお母さんのところに来て、また玄関に戻って行った。何しに行ったのかと思ったら、靴をそろえるルールを守っていたとあるお母さんが語ってられました。家では、「靴をそろえましょう」がルールになっているから、お母さんはそれを見たときにすごく嬉しかったといいます。ささいなことですけど、そういうことがお互いの関係性を良好なものにしていくのです。

だから、「タバコやめましょう」とか、「お酒やめましょう」といった禁止のルールより も、共に共感しながらお互いがルールを守っていることがわかるようなルールの提案が必 要でしょう。

夜寝るときでも食事のときでもいいのですが、今日学校であった楽しかったことを1つ ずつ報告するというようなルール。そうすると、そこにはお父さんもかかわってきて、お 父さんは会社での仕事で何が楽しかったか、うまくいったかも話すというようなルール。 副産物としては、「今日楽しかったことは何だっただろう」という1日を振りかえる習慣 がつくこと、世の中は何がうまくいくんだろうという意識に変わっていくという大きなメ リットにつながります。

同じように、教室の中でもルールを作りましょう。簡単なもの、皆ができるもの、簡単 に参加でき継続できるものが望ましいでしょう。例えば「ありがとう、と1日3回は言おう」 、「今日の目標を朝決めよう」あるいは「朝は会ったら目を見て挨拶をしよう」という ルールでも構いません。なるべく具体的に、行動に移しやすい、やったのかやっていない のか分かりやすいルールがよいでしょう。当たり前で簡単なことですが、全員が行うこと が大切です。スポーツと同じで、ルールがあることで、自由になります。サッカーも野球 も、ルールがあるから安全で楽しくプレーができるのです。その日の気分や調子によって

2章 先生と子どもをつなぐコミュニケーション 《クラスとのコミュニケーション》

まちまちだと、子どもたちも戸惑ってしまいます。「ルールを守る」ことを繰り返していくと、子どもたちの自覚や自尊心、信頼感そして価値をつくりだす。そしてルールが守られている場所が、戻るべき場所になります。振り回されない自分であってもらうためにも、教室の中で共通のルールを作ってみましょう。大切な自由を教えるにもルールという規律が必要です。

大人や先生は、「人の悪口を言うのはやめましょう」といいます。でも、誰かが悪口を何らかの形で言ってしまっているとしたら、「悪口をやめましょう」「何かいいことがあったことを伝えましょう」という提案に変えるのです。すると人のマインドは180度ガラッと転換します。悪いところを見るのではなく、何がうまくいっているか、何が楽しかったか、何かいいことしたかという発想で自分の日常を振りかえるということを子どもに教えてほしいものです。

道徳の時間やホームルームのときに、生徒に、「今日1日の楽しかったことを挙げていきましょう」と考えてもらう時間を取るのもいいかもしれません。あるいは、今日楽しかったことを書き出す。ただ言いっぱなしじゃなくて、書きとどめるというのは新しい思考回路をプログラムするのに有効です。

いじめがあったときに、誰がいじめたか、何のためにそんなことをするのかと考えるよ

り、日常生活のプラス面を考える、ポジティブな領域での発想を訓練するという意味で、すごく大事です。いじめに関しては、そのポジションを変えるというスキルは有効です。何度もやってみましょう。表面的なものから、深層部の肯定的なものに変わっていきます。

小手先の方法ばかりを考えつく先生になるよりも、芯がしっかり揺るがない状態を作ることが大切です。

あいさつができない子どもを責めることより、あいさつをする習慣をまず先生がしっかり示して、信頼関係を構築してゆけばあいさつをする習慣は子どもは自然に身につける、これら全部に自分の芯の部分が表われてきます。

ガンジーの言葉に、『**私は世界を変えられない、相手を変えることはできない。ただ、自分が自分の思考や行動は変えることができる**』という有名な言葉があります。

いわゆる好かれる先生とか、あの先生で良かったとか、あの小学校のときにいたあの先生のおかげで今の自分があると言われるような先生になるには、自分はどういう人になりたいのか、大きな観点で理想を求めていきましょう。

忘れ物が多い生徒

■未来に意識を向ける質問を■

忘れ物が多い生徒は、目的が見えてないのです。恐らく、目的が明確でないから、行き当たりばったりな行動をします。家でも、叱られてばかりいる子でしょう。だから、叱っても聞いていない、聞こえていない。

叱るのではなく、どうなりたいのか、どうしたいのか、と問うのです。「忘れてきました、給食袋を忘れてちゃいました」「また、おまえ」と先生は言いがちですが、「本当は君はどうしたかったの、どんな結果が欲しかったの」と何度も何度もあきらめずに問いかけるのです。

これには、決まった問いかけ、ある方程式があります。結果を叱るよりも、その結果から何を学んだかということに持っていくのです。「どんな結果が欲しかったのか」と。そうすると、「ちゃんと給食袋持ってきたかった」、「では給食袋を持ってくるためには何をする必要があるのか」と。何をしなかったではなく、何をする必要があるかと、その現在

起きていないことを未来に意識的にプランニングするような質問の仕方です。今日忘れない、次、明日忘れないためにはどうする必要があるか、を何度も何度も言語化させる。1回でそれが直る子もいるでしょうし、叱られてばかりいるということは、自分の存在や行動があまり大切ではないと育っている子なので、自分の存在がすごく大事であることも強化しながら教えていくのです。

「どういう結果が欲しかったの？」、「でも、給食袋忘れました」、「宿題忘れました」、「それでどうしたいの？」、「それをするには何をする必要があるの？」という具体的な、それを約束し守るためのケアは必要でしょう。

怒って「だめだ」という言い方で子どもの悪い習慣は、また繰り返されるだけです。忘れないために「どうする必要がある？」、「静かに勉強する必要がある」とか、子どもなりの発想で答えたとしたら、「そのために君は何をする必要がある？」、「何ができる？」、「何をやっていく？」という悪い結果を学びに変えて新しい行動を約束していきます。

2章 先生と子どもをつなぐコミュニケーション《クラスとのコミュニケーション》

不登校などさまざまな問題

■バックトラッキングやミラーリングを■

不登校に関しては、いろいろな理由や問題があります。

最近は、学校に「行け行け」と言わないほうが良いという指導もあり、親が家でイライラ我慢している。本当のことを言うのを我慢してしまう。家での不登校状態を、受け入れてしまう対応になっているような気がします。

子どもに本当はどうしたいのかを質問できる状態・関係性を作ってほしいのです。「本当はどうしたいか？ 何のために学校に行くのか？ 何のために勉強するのか？ 将来何になりたいのか？」という発想を子どもの中にを育み、多少嫌なことがあっても自分の人生のために超えていく強さを育みたいものです。

まず、アウトカムの設定でその子の肯定的意図を引き出してあげることが大事です。そのために有効なスキルがバックトラッキング（P38参照）です。

信頼関係を作るために、相手の使った言葉をそのまま伝えていくバックトラッキング。

129

先生は子どもが学校に来るとか来ないとか論ずる前に、本当の信頼関係を作らなくてはいけない。また、保護者とも信頼関係を作らなければならない。

そんなのんびりしたこと言ってられない、忙しいからそんなことやっている暇がない、目の前に起きている問題を処理しなければと視野がせまくなっていませんか。教師として自分がどうなりたいのか、本当の問題は何なのか、この子の問題は何なのか、そしてこの子はどうしたいのかというさまざまな問題を区別化して、自分のことも相手のことも区別化して、アウトカムモデルに沿って、頭の中を整理できるように習慣化する必要があります。

しかし、何を質問しても返ってこないときもあります。子どもは「わかんない、わかんない」を安易に使ってしまって、親子のコミュニケーションも先生の中で整理できるようになっていれば、前に進む力となります。そこで as if を使います。「もしわかったとしたらどう？」という質問とか、「もしできたらどう？」ということを聞いていくのが、基本前提です。その前にアウトカムモデルに沿って、本当に本当は何になりたいのかということを聞いていくのが、基本前提です。その前にだ、信頼関係＝ラポールが取れてないのに as if を使っても絶対に答えません。その前にラポールをしっかり構築しておくことです。

2章　先生と子どもをつなぐコミュニケーション《クラスとのコミュニケーション》

　ミニバスケットのチームのお父さんやお母さん、それからコーチの方たちに、講演会をしたことがあります。テーマとして「子どもの意欲を引き出すコミュニケーション」というテーマです。問いかけとして、「あなたは、子どもの夢を引き出していますか」という質問から入りました。まず多くのお父さんやお母さん、先生方が、日常生活に手いっぱいで自分の夢を持っていないことに驚きました。したがって、夢の聞き出し方を知らないわけです。

　小学校から中学校にあがる子どもさんと、お母さんの話を1つ事例にあげました。ある子が、夏休みに飛行機に乗ってすごく感動した。そのときにお母さんは「僕ね、パイロットになるよ」と言ったそうです。そのときにお母さんは「自分も近眼だし、お父さんも近眼だから駄目よ」と返答しました。まさに一刀両断です。そのときに、私はすごく不思議な感じがしたのです。なぜ、そんなに一瞬のうちに、あきらめさせる禁止の言葉を言ってしまうのだろうと。そのお母さんの肯定的意図は、子どもはできない夢を持つと、できなかったときにがっかりするから、つまりお子さんを守りたいという気持ちです。

　例えば、「なぜパイロットになりたいの?」子どもに夢を語らせるチャンスです。じゃあパイロットになるために何が必要? と勉強の力付けにもなるし、体力がないと駄目だから運動もしっかりやる。それから数学も英語もできなければならないから、勉強しなくてはいけない。更に夢を膨らませてあげるのが親の役目だと思うのです。

私に6歳の孫娘がいます。まだ学校に行ってないので、「冬のお休みにどこかに行こうか」という話になりました。私の次女がアメリカに住んでいて、アメリカ人と結婚しているので、彼女にはアメリカにいとこがいます。そしたら彼女は、「いとこと遊びたいからアメリカ行きたい、一緒に行きましょう」と私に言ってきました。「素敵ね」と言って、アメリカ行ったら何するの？ ディズニーランド行って、何か遊んで、その子がまだ小さいのでお滑りとかもさせてあげると、すごく楽しい話をしていたのです。
ところが、突然ふうっと黙って、「でもいいや」とトーンが変わって、「どうしてって」ときくと、いとこのお父さんはアメリカ人なので、「私に英語で話すでしょ。私英語で答えられないから、ちょっと苦痛なの」。それで、自ら行きたいというのを変換して、やめるとなったわけです。
「じゃあアメリカじゃなかったらどこ行きたい？」ときくと、「バリに行きたい」と言いました。バリは、去年の冬休みに、私と、お母さんと彼女で行ってすごく楽しかったわけです。楽しかった話ですごく盛り上がって、「バリがいいバリがいい」と話してるときに、私がふと、帰りの飛行機の乗り継ぎは夜中に乗り継がなきゃいけないことを思い出して、「あれは飛行機が面倒なのよ」と言ってしまったのです。そうしたら、その楽しい話はそれでもう終わりになってしまったのです。

2章　先生と子どもをつなぐコミュニケーション《クラスとのコミュニケーション》

私たち大人は無意識に、いろいろな体験があるから、いかにできないかという結論付けをしています。いかにその夢がわくわくして、そのためにはどうしたら実現できるかを考える機会を、子どもから奪っている。その考えるという空間を大人が奪ってしまっている。あれは駄目よこれは駄目よ、こうなんだからああなんだからと、親はできない意味付けをする天才だ、と講演会で話しました。そしたらみんな笑って、そうだそうだっておっしゃっていました。

一瞬のうちに、できない理由をぽんと言ってしまう。なぜなんだろうと思ったら、深いところで、親は子どもががっかりしないようにとか、何々しないようにという転ばぬ先の杖で、まるで自分が保証しているような立場を取ってしまう。だから夢が語れない。それが1つです。

でも夢を保証するのは大人ではないのです。親が、大人が夢を語る習慣がない。日本には有言実行という言葉がありますが、言ったら、やらなければいけないというプレッシャーで、でかいことは言わないという習慣化されたものがあります。また、自分のことを語るのが恥ずかしいと思っている人もいるでしょう。これが夢を語らなくなってしまった1つの理由かもしれません。

133

2人ずつ組んで、「自分がどうなりたい、という発想に対して、答える練習をしましょう」というエクササイズをしました。「あなたは3年後どうなっていたいですか？」という問いかけをして、相手の方が、バックトラッキングやミラーリングをして盛り上げて話をしたら、初めは恥ずかしくて、「えぇー」なんてやっている人たちが、やがて手振り身振りで話し出して、ワァァって声がすごい。200人くらいいましたが、すごい声になって室温がガーンと上がるくらいです。エネルギーが上がり、部屋中が熱くなるということが起きたわけです。

「話してどうでした？」と聞くと、「熱くなりました。こんなふうに自分のことを、子どもたちに語っていませんでした」と。日常の、何したの、どうしたいのしか聞いていないと。命令と禁止ばかり、そんな駄目じゃない、まだ宿題してないの、早くやりなさい、早くお風呂に入りなさい、早くご飯食べなさい。その命令ばっかりを話していること。この空間、この時間は、夢を語る時間をもってないということがわかりました、という感想でした。自分の家族の中で夢を語る習慣を付け、実習のようなやりとりの練習をすると、面白いかもしれません。

所詮、夢は夢というのが大人が夢を語らない言い訳です。ですからそのワークで、将来の夢は学校の先生なんて出てきたら大成功です。

2章　先生と子どもをつなぐコミュニケーション《クラスとのコミュニケーション》

ホームルームのリードのしかたの事例

問1．今日1日（1週間、1ヵ月、1学年 etc.）を通してどんな結果を作りますか？

問2．もしその結果を手に入れたら、どうやって分かりますか？　どんな様子ですか？

問3．そのためにあなたはどんなリソース（長所）を使いますか？

問4．もしこれらを手に入れたら、あなたはどんな人になりますか？

問5．では何から始めますか？

「それを言わせていますか」という先生方の皆さんへの問いかけでもあります。この子たちがあなたを見て、先生ってすごい、先生のおかげでこんなことが起きたという体験を、あなた自身が、子どもとの関係の中で作り出していますか？

教育の現場、例えばホームルームのような時間をワークに使い、ディスカッションしたり発表させたりすると子どもが意欲的になります。

このアウトカムを作り出すチェックポイントは、8つありますが、子ども版にしてもっと短くして、5つくらいにして聞くのも良いでしょう。先生用には基本の8つを示しておきますので応用してください。

道徳の時間にそれを使っている先生もいるし、ホームルームでやっている先生もいます。道徳の時間は、人間としてどうしたいか、どう生きたいか、とかいうところから入っていきます。それが定着すると、毎朝始まる前に、「今日の1日をどうしたいの？」と、今日1日にチャンクダウンした目標設定をして、帰るときに、「今日それがどのように手に入ったか」をミーティングする。この5分のミーティングが定着して、崩壊寸前というクラスが、3ヵ月くらいで正常に戻り、正に理想的なクラスになった、という事例もあります。

136

2章　先生と子どもをつなぐコミュニケーション《クラスとのコミュニケーション》

アウトカムを創りだす8つのポイント

■意味づけをして表現する習慣を■

学期が始まる前に、あるいは学年がスタートするときに、「あなたはこの1年で成し遂げたいことは何ですか」。あるいは、高学年と低学年とは違うでしょうけど「あなたはどんな子になりたいですか、どうなっていたいですか」がアウトカムの1番目の質問です。

子どもたちができるもので、成績が上がるとか、部活のチームが優勝するとか、いろいろなものがあります。「それがもしできたとしたら」、これが2番目の as if の質問です。テストで100点とるとか、あるいは優勝して全国大会に出ている、とか。その具体的なものが出てくるような、as if の質問。もしそれが手に入ったとしたら、それはどうなっている状況かということ。これが、膨らませていく質問です。

3番は、それには何をしていきますかというプランニングに入ってきます。「それを達成するには、あなたはいつどこで何をしていきますか」。

4番は、エコロジカルチェック。「もしそれができたとしたら、周りにはどんな影響がありますか」。7番のメタアウトカム（アウトカムの先の目指す目標・目的・状態）と一

137

緒にしてもいいと思います。

大人ですと、がむしゃらにやることで、傍に迷惑がかかってしまうのではないかのチェックです。例えば結婚している人が、収入を上げたいと思って、会社では目一杯残業して、その後にアルバイトに行き、夜明けに帰ってちょっと仮眠して会社へ行く。それで収入は上がるかもしれないけれども、奥さんに迷惑をかけ、自分の体もボロボロになってしまう。そんなことがないように、エコロジカルチェックが必要です。

ただ子どもたちにとっては、それをやることがどんな意味があるのかを膨らませます。これを達成することで更にどういうことが起きるか、お父さんやお母さんはどう思うか、お友達からはどう見られるか、そういう視野を広げたところで自分がそれを達成している状況を見る。達成した、誇りを体験させるという意図で聞くのが、1つです。

リソースというのもそうです。リソースとは、その人の長所であり、得意、あるいは素質。これはこのまま使っていいと思います。「自分の良いところは？」「更に努力しなければいけないところは？」という質問です。

6番の、「現在成果を止めているものは何ですか」。あなたがこれをしようとするときに、継続しない意識、そのやり遂げるという意識を止めているものは何ですか。子どもの言葉でいうと、「諦めちゃう理由は何ですか」。手放しちゃう、投げ出しちゃうところは何かを聞き出すのです。ゲームをし過ぎとか、改善しなければいけないものという言葉でもいい

138

かもしれません。ゲームの時間を、30分のつもりで2時間、3時間やってしまうとか、お母さんの指示に従わないとか、具体的な何かが出てくるような質問がいいのです。

8番は、行動計画です。「今日はどうします？　明日はどうします？　明後日はどうします？」という行動計画を作る。そういう発想ができるようになったら、何からしようかと、みんなでディスカッションをして約束する。

書かせる場合にも、じゃあ何から始める？　という発想で行動計画を作る。そういう発想で、アウトカムを明確化して確認するのです。

子どもに、できそうなことだけを許可しがちですが、まず初めは、パイロットになりたい、月に行くでもいい、それがどういう意味があるのかを考えさせて、表現させる。意味づけをして表現する、その習慣を付けることです。

大人になればなるほど、受験とか就職などに狭められて、目の前の取りあえずの目的だけの、人生を一部だけ見るようになってしまいがちです。長い目で見て何か手に入ることでワクワクしたり、どうすれば人にいい影響を作り出すのかを考えるような習慣、先生である自分がそれを習慣化して、子どもに駄目だと禁止せずに、子どもに教えるためには、先生である自分がそれを習慣化して、話せるような習慣を持つことがす大事なのです。

8つのアウトカム質問（目的、成果、望ましい状態）

1. あなたの欲しい成果は具体的に何ですか？
   〈アウトカム〉 (*outcome frame*)

2. もしもアウトカムが手に入ったらどのようにわかりますか？
   (*evidence frame*)

3. 成果は、いつ、どこで、誰と創りたいですか？
   〈VAKで表現する（5W1H）〉 (*context frame*)

4. 成果を手に入れることはあなたの日常生活にどんな影響を与えますか？　〈エコロジカルチェック〉 (*ecology frame*)
   周囲の人たちは？　自分自身は？　人間関係は？（肯定的、否定的の両方をきく）

5. あなたがすでに持っているリソースは？ (*resource frame*)
   成果を手に入れるために更に必要なリソースは？

6. 現在成果を手に入れるのを止めているものは何ですか？
   (*limiting frame*)

7. 成果を手に入れることはあなたにとってどのような意味がありますか？
   日常生活や今後の人生はどのように変わりますか？
   (*meta-outcome frame*)

8. では、始めの行動は？　まず何から始めますか？
   (*planning frame*)

夢を語る子どもたち

■NLP式アウトカム達成シート■

子どもたちが夢を語る。それはとてつもない可能性が飛び交っている会話です。そのような会話が飛び交うクラスのコミュニケーションを創り出せば、子どもたちはクラスが好きになります。先生が好きになります。他の子どもたちのことも認め始めます。自分の夢を語ることができれば、とても自信がつきます。控え目で自分の夢を語れない子どもや、自信がなくて、なかなか自分の夢を言語化できないお子さんもいるでしょう。でも、繰り返し繰り返し問いかけていくと、皆何か夢を持っています。自分の中で、「できないかも知れないけれど」、「無理だと思うけれど」、「馬鹿にされるかも知れないけれど」という色んな会話が、自分の夢を語ることを止めてしまっているのです。

ディズニーランドを創ったウォルト・ディズニー氏の言葉に「えがくことができる夢は、**実現できるのです**（If you can dream it, you can do it.)」という言葉があります。子どもたちに夢を見せてあげてください。夢を語る時には、思いっきり語る。出来る、出来ない

に関わらず、もし何の制限もなく何でも出来る状態だったら、**本当の本当には何がしたいのか？** それをイメージして、言語化する。イメージすることが大切です。良くイラストに出てくる夢見がちな人は、視線を上向きに何かを見ているような絵になっています。それと同じように、子どもたちの視線を上へと向けてあげて、「何の制限もなく何でも出来る自分になって、将来の夢をイメージしてごらん。」と伝えてあげてください。子どもたちのエネルギーがグッと上がるはずです。

子どもたちの夢をサポートする人として、先生の子どもの頃の話や、今の先生の夢などを語るのも、子どもたちが自分の夢を語りやすくなる一つのきっかけです。夢のない先生に子どもに夢を語らせることはできません。先生自身も夢を持って、子どもと一緒に夢に向かって進んでいきましょう。

もし、なかなか夢が出てこない子がいる場合は、質問によって引き出してあげましょう。夢ではなくても未来の希望が出れば、その時にはＰ56の as if を効果的に使って膨らませていくのもよいでしょう。

「普通に働ければいい」

2章　先生と子どもをつなぐコミュニケーション《クラスとのコミュニケーション》

「普通に働けたら、さらにどうしたいの？」
「お金貯める」
「お金が貯まったら、さらにどうしたい？」
「たまに旅行に行く」
「たまに旅行に行けたら、さらにどうしたいかな？」
「うーん。いろんな国を旅行したい」
「いろんな国を旅行したいんだね！」
「どこの国？」

あるいはP78のメタモデルを使って、明確にしてあげるのも良いかもしれません。

「幸せになりたい」
「Cさんにとって、幸せってどんなこと？」
「毎日楽しくて、充実した状態」
「Cさんにとって、どんなことがあれば、楽しかったり、充実していたりするの？」
「面白い仕事をしていたい」
「面白い仕事って何？」

「洋服とか、デザインしてみたい」
「洋服のデザイナー！　面白そうな仕事だね！」

　未来を語ると、人は意欲的になります。このようにNLPの質問や言葉掛けで、子どもたちの意欲を引き出すコミュニケーションをぜひ行ってください。そして、「では、そのために今何をする？」と問いかけて、自分たちでその目標に向かった戦略・行動計画を語らせてください。「○○をしなさい。」という命令やアドバイスではなく、「どうする？」と問いかけると、子どもたちは、自然に自分で答えを見つけて、勝手に行動し始めます。そして、自分の目標と今するべきことが見えてくると、おのずと、つまらないことでもめたり、喧嘩したり、いじめたりする暇がなくなり、互いにサポートしあう関係性がクラスに生まれていきます。

　次に掲載している図は、NLPのアウトカムモデルを記入できる形式にしたものです。記入例を参考に、子どもたちの夢を語らせる一つのツールとお使いください。

144

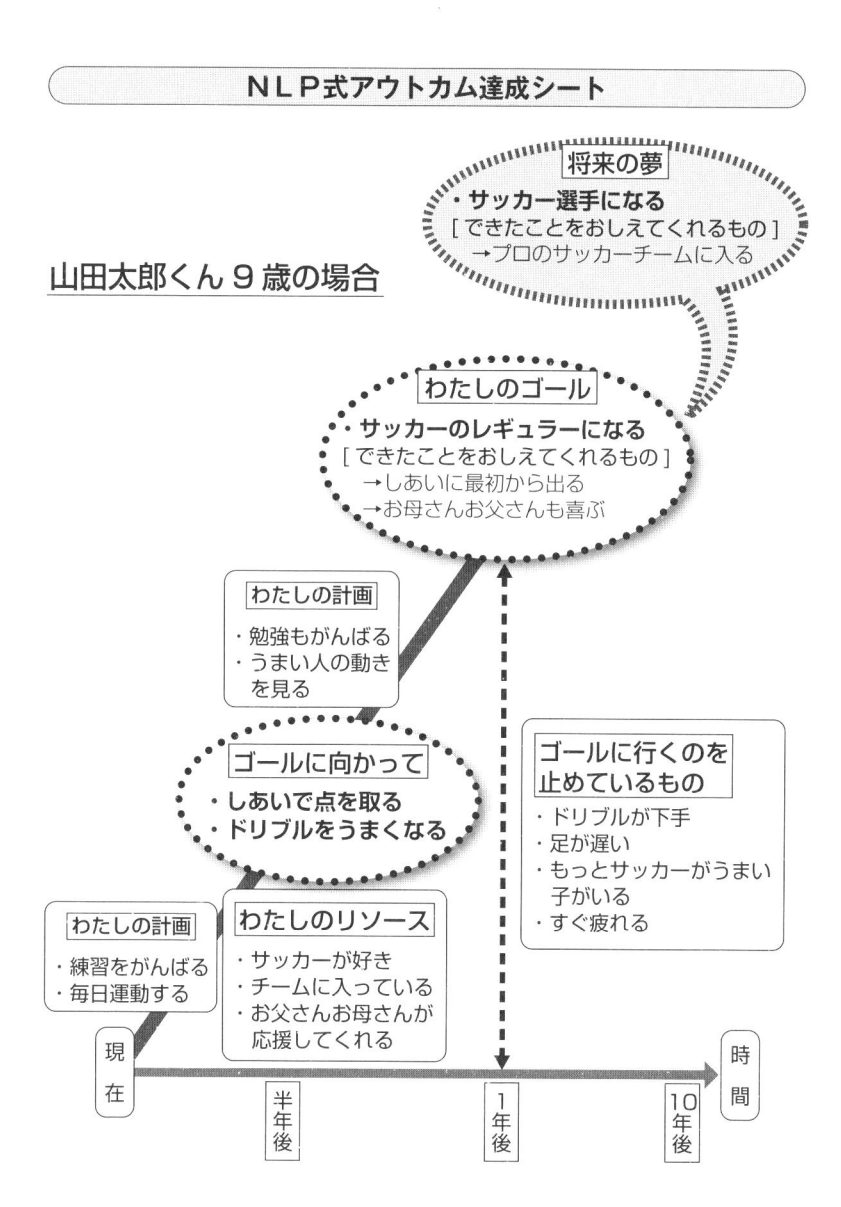

2章 先生と子どもをつなぐコミュニケーション《クラスとのコミュニケーション》

ＮＬＰ式アウトカム達成シート

山田太郎くん９歳の場合

将来の夢
・サッカー選手になる
［できたことをおしえてくれるもの］
→プロのサッカーチームに入る

わたしのゴール
・サッカーのレギュラーになる
［できたことをおしえてくれるもの］
→しあいに最初から出る
→お母さんお父さんも喜ぶ

わたしの計画
・勉強もがんばる
・うまい人の動きを見る

ゴールに向かって
・しあいで点を取る
・ドリブルをうまくなる

ゴールに行くのを止めているもの
・ドリブルが下手
・足が遅い
・もっとサッカーがうまい子がいる
・すぐ疲れる

わたしの計画
・練習をがんばる
・毎日運動する

わたしのリソース
・サッカーが好き
・チームに入っている
・お父さんお母さんが応援してくれる

現在 ／ 半年後 ／ １年後 ／ １０年後 ／ 時間

ＮＬＰ式アウトカム達成シート

氏名 _____

将来の夢
- [できたことをおしえてくれるもの]
  →

わたしのゴール
- [できたことをおしえてくれるもの]
  →
  →

わたしの計画
・

ゴールに向かって
・しあいで点を取る
・ドリブルをうまくなる

ゴールに行くのを止めているもの
・
・
・

わたしの計画
・
・

わたしのリソース
・
・

現在 → 後 　後　 後 　時間

「先生」としての自分を見つめる

なぜ先生を続けるのか

■アウトカムセルフチェック■

なぜこんな辛い思いをして、先生という職業を続けているのか？

例えば、人の命令を聞かなくていいから良さそうとか、給料は固定化されているし、夏休みありそうだしと思って選択した人もいるかもしれません。あるいは親が先生で何となく私もやろうかなと思ってとか。

でも先生になる人たちは、大学のときに教職課程を取り、先生を目指していた方々です。子どもは大切だし、次世代を作っていくというミッションで、科目を教えているはずです。自分のメタアウトカム（アウトカムが手に入った先にあること）がミッションですから、それが結びつくような問いかけをすることです。

子どもたちにこの問いかけをするのは、こういう意味があるからだと説明し、それに対して自分はどうなのだろうという発想が、大事なのです。

148

アウトカムセルフチェック（大人バージョン）

1. この1ヵ月（1週間、3ヵ月、半年、1年）を通して本当に欲しい成果は具体的に何だろう？

2. 成果が手に入ったらどのようにわかる？

3. 成果は、いつ、どこで、誰と創りたいか？

4. 成果を手に入れることは私の日常生活にどんな影響を与えるのだろう？
   周囲の人たちは？　自分自身は？　人間関係は？（肯定的、否定的の両方の側面からチェックする）

5. 私がすでに持っているリソースは？
   成果を手に入れるために更に必要なリソースは？

6. 現在成果を手に入れるのを止めているものは何だろう？

7. 成果を手に入れることは私にとってどのような意味があるのだろうか？
   日常生活や今後の人生はどのように変わりますか？

8. では、始めの行動は？　まず何から始めますか？

アウトカムセルフチェック（子どもバージョン）

1. この1ヵ月（1週間、3ヵ月、半年、1年）を通して本当に欲しい成果は具体的に何だろう？

2. 何があったら成果が手に入った、とわかるかな？

3. この成果を手に入れるために、私がすでに持っている才能、長所は？
   成果を手に入れるために更に必要な才能や長所は？

4. 成果を手に入れることは私にとってどのような意味があるのだろう？
   日常生活や今後の人生はどのように変わりますか？

5. では、始めの行動は？　まず何から始めますか？

自分をどう確立していくかの方法論

■ルールは禁止や命令ではない■

このアウトカムモデルの8つの質問で自分のアウトカムを設定して、それを書き出してみます。「私はどんな教師になりたいのか」、このとき、どう対処している自分がいるのかという発想で、自分の中の様々な自分を見つめ直します。それを書き出します。こういう場合はこう、あの場合はこうと自分の行動を見直し、自分の人生のための方法論を明確にすると、アイディアが湧いてくるものです。その人の持っている才能が発揮されていくわけです。この領域で自分が何を目指しているかを確立していくのが、1つの大事なポイントです。

8つの質問で、目的あるいはゴール設定をするときに、あなたはどんな教師になりたいですか、あなたが目指す理想の教師とはどんな人ですかという質問で、それにたくさん答えるような習慣をつくっていくと、問題をどんどん解決できる人になる可能性が大きいのです。

ニューロロジカルレベルの上位の意識は下位に影響を与えます。理想のアイデンティテ

151

ィを確立することによって、職業によって信念や価値観は異なり、当然それぞれに関係した能力が出てくるでしょう。そのためにはどういう考え方やプログラムや戦略を持って動いているか。そうすると、行動も他者とは同じではない行動が生まれ、環境も他者とは同じでない理想の環境が作られるわけです。

理想の教師というアイデンティティを持ったときに、理想の意識レベルでも、実際にどうありたいのかと問うことで、それが気づいてなかった信念や価値観というところでリソースとして機能し始めます。

目の前のものだけを対処しようとすると、それだけの問題で終わってしまいます。本質はぐらぐらのまま、方法論だけでいつもウロウロしていると、意欲はどんどん下がってしまいます。

しっかりと自己認識アイデンティティを確立した上で、子どもとの信頼関係を作っていく。例えばホームルームの時間にやるとしたら、子どものために、8つのこのフレームを問いかける時間、その子どもが何歳であれ、どうなりたいかという質問を投げかける。ただそれは、この教室でどうあるべきだということは、常々先生は言っているので、その子が将来この部屋から出ていったときに、どんな人間になりたいのか、あるいはどんな社会貢献をしたいのかをも問いかけ、広げられる先生であってほしい。

2章　先生と子どもをつなぐコミュニケーション《「先生」としての自分を見つめる》

小学校であれば中学校に入るかだけが目的になってしまうし、中学の先生であれば高校入学だけが目的になるし、高校の先生であれば大学受験が目的になってしまう。人生を通してどういう人であるべきか、何を持って社会貢献していくのかを子どもたちに問いかけ考えさせるのが、理想の先生といえるのではないでしょうか。

もちろん、国語なり、算数なり、音楽なり、教えることは、技術的にも正確に教えなければなりませんが、それを通してどうなりたいのかを問いかけられる先生です。

多くの先生は、文科省から言われたカリキュラムを教えなければならないという義務感が優先しますから、子どもがこれを勉強してどうなるかという発想は、先生自体の中でもうすれてしまっていることがあります。ですから、自分の教師としてのアイデンティティを高めることによって、子どもにもしっかり問いかけができるようになっていただきたい。

もちろん日々の中のルーティンワークも大事です。問題のあるクラスは、クラスのルーティンワークが決まっていない。いわゆるルールがない。だから、いすに座ったら静かにするというルールはないだろうし、いじわるが多いというのも仲良くするというルールがないからです。ルールは禁止や命令ではありません。自由に活き活きとすごすためにルールのあるクラスにしましょう。

153

お母さんのためのNLP講座でも、家庭でルールを作りましょうという提案をしています。サッカーでも野球でもルールがあるからけんかにならず、安心と安全でみんなが興奮して楽しめるのです。ルールはある秩序を伴い、楽しくするためにルールはあるという概念を持つ必要があります。

　ルールは、人間が楽しく、お互いを尊重し秩序を保って向上するときに必要なものと定義づけて、自分のクラスに導入するのも効果的な運営法です。

自分のミッションとは？

■人間の行動には肯定的な意図がある■

　生徒のあいつが悪い、あの子が悪い、あの保護者が悪いと相手を指さしてしまう。結局、それをコントロールできない自分の未熟さに出会い、被害者になりストレスを高めているというのが現状です。さらに続くと、先生は、自分が無能力、自分の能力がないという……自己嫌悪、自己否定の形を取ってしまいます。
　このような、ザワザワして落ちつかないときはどうしましょうと方法論を考えても、あんまり役に立たない。そういうときにこそ、「自分はどういう先生でありたいのか」とスタートに戻って考えてください。
　子どもにどう対応するかという方法論あるいはハウツー、ストラテジーばかりに意識を向けるのではなく、その子どもたちが問題を抱えているのは、教師であるあなたの能力がないわけではない。あなたは本当はどういう教師でありたいのかと、子どもの問題とは別の観点で自分に問いかけをするのです。自分がどういう教師でありたいのか、その結果として、この生徒たちをどう育てたいのか、教師という仕事を通して、世の中にどんなビジ

ヨンを伝えたいのか、を問い探求することで、ざわつきとか、何かギスギスしているとかいうことに、あまり揺らがなくなるのです。

あなたが揺らがなくなる、ふりまわされなくなると、落ちついていられる。自分の中に本芯を通す。そうすると、「やめろー」とか、「静かにしろー」などと言わなくなる。子どもたちは自然にそこに落ちつきを取り戻すということが起きてきます。

ほとんどの先生方は、これを静めようと思って、何倍も大声を振り絞って、「おまえらやめろー」とか、「そこ何してるー」とか、叱り言葉で対応しています。その必要がなくなる自分を作りましょう。

こういうことが起きたとき、じゃあ自分はどうありたいのだろう、あるいはあるべきなのだろうというところで、アイデンティティを構築していく探求をすると揺れなくなる。子どもたちは、先生が泰然自若としている、あるいは凜としているところから、ちょっかいを出さなくなるという大きな良い流れを作ることができるのです。

なぜ子どもたちが否定的な行動を取るか。人間の行動の裏側には、肯定的な意図があるという前提を話しましたが、悪さをして注目を取るプログラムを持った子は、家でも同じ扱いを受けているわけです。親からも、悪い子として、だめな子のラベルづけをされている子供たちのそのラベルを肯定的なものにつけ替えましょう。

ザワザワ騒ぐ子の、ザワザワ行動はもちろんいけないし、他人に迷惑かかりますが、そ

2章　先生と子どもをつなぐコミュニケーション《「先生」としての自分を見つめる》

れをすることによってその子は何を得ているのか、その肯定的意図を探りその意図を満たしてあげると、子どもは、先生にちゃんと見てもらっているという安心感から、今度はもうザワザワ行動をしなくなり、先生の方向性に導かれていく。同じボートに乗って対岸に向かって行くというような仕組みを作る必要があります。

まず、「誰の問題」かを区別化するのです。大体、子どもに悪さなどの行動を取られると、先生は自分の能力不足と結びつけがちです。もちろん、さらに能力をつけなければなりませんが、どこにどんな問題があるかという区別化をしっかりしなければなりません。

なぜ教師となったか、なぜ教師という職業を選んだのかとか、教師としてミッションとか、あるいは自分の存在理由などを問いかけるワークをとり入れて、「私はこのために教師という職業を選んで、子どもたちの未来を作るであったり、よい地球環境を作るであったりに貢献しているんだな」とその大きな自らのミッションに出会うことです。それを座右の銘のように、自分の中で自分を励ます信念や価値観として持っていると、多少子どもが荒れようが何しようがちゃんと自分をコントロールできるようになってきます。

この「先生の話をもっと聞きたい」そして、空気が違う授業になってきて、この先生の熱意とか、あり方とか、一種の威厳とかが統一されることによって、しっかりしてくる尊敬される先生は、それらが自然にできているのでしょう。

自分はどういう先生になりたいのか

■モデリングで「なりたい人」になってみる■

　自分はどういう先生になりたいだろう。これらをうまくコントロールし、尊敬されているのは何先生だろう。周りを見回して、他の先生方のよいところをモデリングしていきましょう。あの人のようになりたいといっても、あの人全体になる必要はありません。あの先生の何をどこをモデルにしたい、まねしたい、一部を取り入れたいと思うのか、さらに観察してみましょう。

　例えば、どんなワイワイしていてもその先生が行くとシーンとなるなら、その先生がどのように全体に目を配っているか、どのように子どもと接しているか、どのように声をかけて励ましているか、そういう普段の行動をきちっと自分のモデルとしてとり入れるのです。

　あの人だって、タバコを吸って、すごくお酒を飲む良くない面があるかもしれない。

　家庭内での親のしつけも関係してきて、親のせいにしたくなります。しかし、この教室

2章　先生と子どもをつなぐコミュニケーション《「先生」としての自分を見つめる》

でこの子の人生を変えるのだという気合いを入れて1つ1つ見ていくと、ひどい食事の仕方をする子供たちに、「食べるときはどうしよう？」という、みんなの意識を1つにしていくような注意の仕方や励ましの仕方ができるようになります。

注意をするよりも、励ましていく。やれてないことを、「やらなくちゃだめよ」というのではなく、「これができたらすごいよね」という発想で子どもたちに投げかける。前にもいった、as ifです。もしそれを君たちができたらどうなるのだろうと考えさせる。答えを教えるのではなく、導き出す。こうしましょう、こうしなさい、ああしなさい、こうなるとこうなるのではなく、という先生が多い中で、子どもたちに考えさせる仕組みを教室の中に持つことです。

多くの先生は、すぐ答えをあげたがります。特に若い先生方、マニュアルを欲しがります。答えの導きの方法論が欲しい。しかし、マニュアルで育っている先生は、マニュアルを欲しがります。答えの導きの方法論が欲しい。しかし、マニュアルよりも考えさせる、あなた自身がマニュアルから出て、考えさせる力を作ることが大事なのです。

未来に意識を向ける

■失敗を学びに変える■

　子どもは叱られたら、カラに入ってしまいもう次の言葉を聞いていません。ですから、さらに耳を傾けるような関係性が新しい方法論として必要です。それは先生のためだけではなく、子どものためにもなります。今までは、叱るし、やるな、など命令と禁止を使って、これしなさいか、これはするなで処理されているのです。

　多動症とか、アスペルガーとか、病気ではないが、いろいろな症状の名前で診断をつけられてしまう子どもたちが多くいます。その診断がつくと、「ああ、そうか、だからしょうがない」というあきらめがついて、ホッとすると、ある先生は言っていました。どうせ言っても、その子にはきかないから、もう言うのをやめるという先生もいました。ただし、授業中に飛び出していく子は、放っておいて事故があったら大変るが戻すのが大変だとも言っていました。そういう子は危ないから禁止して教えなければと考えますが、それだけではないのです。

失敗を学びに変えるプロセス（否定的な状態から意識を未来に向ける）

1. 状況把握：「一体何があった？」
2. 肯定的意図：「本当はどうしたかった？」「どうなったらよかった？」
3. 承認：（肯定的意図に対し、「そうだったんだ！」等、気持ちを受け取る）
4. 意識を未来に向ける：
   ・今度はどうする？
   ・あなたには他にどんな可能性がある？
   ・もしできたとしたら？（As if ～）
    （幼い子どもの場合）選択肢を与える

●相手：_____ （関係　　　　　　　　　　）

●状況
_____
_____
_____

●肯定的意図（本当はどうしたかった？）
_____
_____
_____

●今度はどうするか？　または、あなたには他のどんな可能性がある？
_____
_____
_____

●結果
_____
_____
_____

●そこからの気づき・発見・学びは何ですか？
_____
_____
_____

いったんその子につけた病気だとか障害とかいうラベルを外しましょう。

「一体何があったの？ どうしたの」「忘れました。宿題しませんでした」「どうなったら良かった？ 本当はどうしたら良かったのかな？」

子どもは知っているわけです。「本当はやってきたら良かった、持ってきたら良かったんだったね」とシンプルにバックトラッキングで受けとります。受け取って、今度は、未来に意識を向けて、「次はどうする？」という質問です。

「今度は持ってくる必要がある」と答えたとしたら、「ではどうやったらそれが可能か」と聞く。昨日のうちに準備するとか、ゲームを30分と決めてちゃんと宿題をするとか。「もしそれができたとしたら、宿題をやったとしたら、どうなるか」という質問。さらに、自分がもし約束を守ることができたらどうなるのか。そこまでの未来を見せるから、単なる命令と禁止ではなくなるわけです。

未来に意識を向けて、失敗を学びに変えるのです。

162

2章　先生と子どもをつなぐコミュニケーション《「先生」としての自分を見つめる》

理想の教師とは

■ニューロロジカルレベルの統一を■

あなたが教師になろう、と決めたきっかけは何でしょう？ 小学校の時の先生が大好きだったから。親御さんが先生だったから。中学校の先生の言葉に感動して、自分もそんな感動を与えられる人になりたいと思ったから。子どもが大好きだから……。人によって色々でしょう。あなたが先生になりたい、と思った時点で、意識的に、あるいは無意識的に、先生としての使命感やミッションとつながっているからではないでしょうか？

そして、「こんな先生になりたい」、「こんな風に子どもたちと接したい」、という理想像があったはずです。あなたはどんな先生になりたいのでしょう？ 子どもたちからどんな風に思われたいのでしょう？ 親御さんたちにはどんな人として？ 同僚の先生たちに対してはどうでしょうか？

163

先生は教科を教える人、そして気付きをおこす人です。子どもたちからの尊敬や、場のエネルギーを起こせる人、そして子どもの心を引き付ける要素も必要です。

あなたのオープンさが子どもたちのオープンさを引き出します。気になったことは子どもに様子を聞いて確認する、あなたががっかりしたことは子どもに伝える、もちろん、嬉しかったことも嬉しかったこととして伝える。「私はあなたたちを見ているよ」「私はあなたたちとともにいるよ」という、あなた自身のメッセージを伝えることが大切なのです。

あなたが作り出す安心感・オープンさが拡がり、子どもたちが次々と夢を語る教室ができるのです。勉強すると、その先に何があるのか、何のために勉強をしているのか、常に未来を語る先生であってほしい。子どもたちが夢を持って前に進める環境をつくってほしい。その子どもたちが、未来の日本を創っていくのだ、との認識で、夢を膨らませる先生であってほしいと思います。

夢を語らせるためには、子どもたちの個性を認めて、まず受け取ってあげましょう。「無理だよ」とか「勉強してないのに何言ってるの」。そんな会話ではなく、「そうなんだ！」「すごいね！」、「そのためには何をすればいいと思う？」と未来に意識を向ける会話を子ども

2章 先生と子どもをつなぐコミュニケーション《「先生」としての自分を見つめる》

としてください。子どもの個性を認め、受け取るためには、あなた自身があなた自身を認め、受け取ってください。何か無理をして明るく元気にふるまう……、では、いつか疲れ果ててしまいます。自分自身の個性や特性を認め、それをあなたのリソースとして活用していく。あなたがあなたらしくあることが、子どもたちにとって、とても大切なメッセージになります。

そして、どんな場面であっても「あなたのメッセージが一貫していること」が大切です。ご存じのように、子どもは本当に良く見ています。場面場面でメッセージが異なってしまうと、「この先生は信用できない」という不信感で見られてしまいます。あなたがあなたの大切にしている信念や価値観をしっかりと子どもたちに伝えること、そのメッセージがぶれないこと、あなたであることが大切なのです。

そのためには、P29でお伝えした、ニューロロジカルレベルを統一していくことがとても有効です。

環境……どこで、いつ
行動……何をしている

「○○小学校で毎日」
「子どもたちに授業を教えている」

能力……どんな能力を使って

「分かりやすく、面白い授業ができる、という能力を使って」

信念・価値観……何を大切に

「勉強は楽しい、と伝えることを大切に」

自己認識……あなたは誰

「子どもの夢をはぐくむ人」

あなたの自己認識（アイデンティティ）が一致統一したとき、様々な場面に遭遇しても揺れることなく、それに必要な能力が発揮され、行動や環境がその自己認識に伴ったものになっていきます。あなたは自分自身をどのような人ととらえているのでしょう。

ぜひ、あなた自身の理想像を探求してください。小学校、あるいは中学校や高校で影響を受けた先生がいたのなら、あなたはその先生の何に引き付けられたのか、どこが魅力的だったのかを思い返してください。そこにもあなたの目指す理想像のヒントがあるはずです。

3章

教育現場での
事例紹介

実際の教育現場での事例をもとに、解説していきましょう。

〈事例1〉 忘れ物が多い子の対応事例

Kくん（小学2年生、男の子）は、とても忘れ物が多いのです。何度も注意しており、本人もその時には反省したようにいい返事をしてくれます。しかし、次の日にはやっぱり同じように忘れ物をしてしまう、ということが繰り返されています。怒ったり、励ましたりしているのですが、状況が変わりません。どのように指導すべきか分からなくなっています。

回答

小学2年生のお子さんの忘れ物に関しては、親御さんの協力が必須ですが、今回はこのお子さんに焦点をあてて対応する場合について、お話しましょう。

このお子さんは、あまり視覚を使っていない可能性があります。明日の授業でどんなことをして、何が必要か、ということをイメージとして見ていないので、明日の用意をしていても、持ち物をうっかり忘れてしまうのです。イメージで見ていると持ち物をしっかりと覚えていなくても、用意をしながら頭の中でシミュレーションができて、持ち物を忘れ

168

にくくなります。

そこで、そのお子さんに持ち物を伝えるときには、なるべく絵が創りやすいように、

「明日は絵の具を持ってきてください。みんなで一緒に校庭に出て、滑り台やジャングルジムを描いていきましょう。どんな景色を見ながら、どんな絵を描くのか、楽しみにしてね」

などのように、その光景が目に浮かび絵の中で動いている体験をさせます。その光景がイメージでき予測体験すれば、忘れ物をする頻度はぐっと減ってくるはずです。

〈事例2〉 おとなしい子の対応事例

M子さん（小学5年生、女の子）は、うちのクラスで浮いてしまっている存在です。いじめまではされていない、と思いますが、とてもおとなしい子なので、グループに入れなかったり、自分の意見をはっきり言えないような場面がたびたび見受けられます。つい私もイライラしてしまって、何かしてあげたいのですが、あまりフォローできていないと感じます。どんな声掛けやどんなサポートが考えられますか？

> 回答
>
> まず、M子さんがどうしたいのか、しっかり話をしてみましょう。
> 本当にグループに入りたいのか？ 皆と仲良くしたいのか？ 自分の意見をはっきり言いたいのか？
> 本人がそう望むのであれば、質問によって本人のアウトカムをしっかりと引き出すことで、サポートできる可能性があります。このような場合、「as if」フレームが効果的です。
> 「as if」フレームとは「もし……できたら」とできた場合を仮定して、その状況を膨らませ、

より出来た時の状況を明確にしていく手法です。「もしグループに入ったら？……」「もし皆と仲良くできたら？……」と、出来た前提を使って話をしていきます。

「もしそうなったら、どうしたい？」
「どうなりたいの？」
「それができたらどうする？」

本人が未来を見始めたら、自然にそうなるように自分で行動していきます。何とかしてあげたい、という気持ちも大切ですが、ここは静かに見守ってあげましょう。

ただし、もし本人がグループに入りたくなかったり、仲良くなることを望んでいない場合は、いくらサポートしても意味がありません。

一人でいるのが楽しいというのも一つの個性です。それをしっかり承認して本人の自信になるようにサポートしていきましょう。やみくもに、子どもはみんなエネルギッシュで元気、と決め付けるのではなく、本人の願望に合わせた力づけができることが大切です。

そして、「先生はあなたのことを見ているよ」というメッセージを、折に触れ、伝えていきましょう。

〈事例3〉 手の出る子の対応事例

Nくん（小学3年生、男の子）は、他の子を叩いたり、泣かしたりすることがあります。少し体が大きいので、ちょっとふざけて叩いても、他の子には衝撃が大きいのだと思いますが、その加減が分からないようです。調子に乗りやすいタイプでもあり、厳しく注意したりするのですが、本人はついつい手が出たりしてしまうようです。どうしたら止めさせられるのでしょう。

回答

本人が悪気なく手を出してしまう場合、相手の立場に立ってものを考える、ということを教えていく必要があります。

言葉で伝えてもなかなか行動につながらない場合、簡単に、ポジションチェンジ（P63参照）を体験させるのが効果的です。実際に行ってみましょう。スキルをそのまま行う必要はありません。Nくんに叩かれた子をAくんとします。Nくんに、

172

3章　教育現場での事例紹介

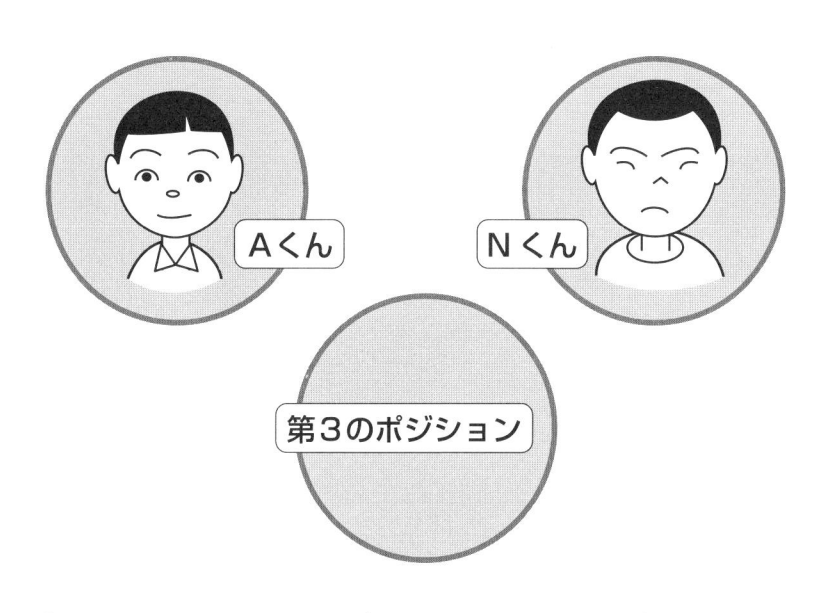

Aくん　　Nくん

第3のポジション

「Nくん、ここに君が叩いてしまったAくんが泣いているとしよう。どう見える？」
と問いかけます。Nくんの答えを「そう見えるんだね」としっかりバックトラッキングで受けとってから、
「じゃあ今度、NくんとAくんを見守っている先生のところに来てくれる？　二人が立っているのを見てみよう」
と問いかけて、第3ポジションを体験させます。
「次に泣いているAくんになってみよう。さあこっちに来てごらん？」
と最初にAくんを指し示した場所に移動してもらいます。
「さあ、今Aくんになってみよう。Nくんはこっちに立っているよね。Aくんから見て、Nくんはどう見える？」

173

「Nくんが叩いてきたとき、どう感じた？」
と、Aくんの立場に立って、Nくん自身を見る体験をさせてあげてください。この体験だけでも、自分が手を出すのがどういうことかを身を持って感じることができるので、「つい手を出す」という行動が抑制される効果があります。
Nくんの返答を受け止めから、最後、第3ポジションに立ち、二人の関係について外側からフューチャーペースをします。
「これから二人はどうなったらいい？」
「NくんはAくんに対してこれからどうしてあげたらいいと思う？」
と、意識を未来に向けた問いかけをしてあげましょう。最後に、
「それでは、Nくんのところに戻りましょう」
と第1ポジションに戻します。
「Nくん、君はこれからどうしていくのが良い？」
と、問いかけてみましょう。未来に自分がどう行動しているか、Nくんにシミュレーションさせます。

3章　教育現場での事例紹介

〈事例4〉 宿題をしてこない子への対応事例

Yくん（小学4年生、男の子）は、宿題をやってこない。いつもいつも忘れていて、その時に謝って済ませてしまう。必ずやってくるように、とかなりきつく言うと、やってくる日もあるのだが、こちらが気を抜くとすぐ忘れてきてしまう。

本人の意識を変えるのはどうすればよいのだろうか？

回答

勉強することの意味を教えるチャンスです。本人に考えさせるきっかけとして、本人が勉強や学校に来ることの意味づけができるような問いかけをしていきましょう。

「Yくんはどんな大人になりたいの？」
「もし勉強が出来て、知識が増えたら、どんな可能性が生まれるんだろう？」
「どんな大人になれるんだろう？」
「何のために勉強すると思う？」

175

周囲の子のことを出すのも効果的です。問いかけにすぐに答えなくても、子どもは答えを考え始めます。自分にとって、勉強する意味、学校に来る意味が見えてきたら、自分から宿題をやってきます。問いかけを続けながら、見守りましょう。

〈事例5〉 いじめの対応事例

私のクラス（小学4年生）に、とても仲の良い5人の女の子のグループがあって、いつも休み時間は一緒に遊んでいます。

ただ、普段は仲が良いのに、どうも、時々誰か一人を除け者にして楽しんでいるような感じがします。

表面化していないので、表だって注意は出来ないし、どのように対応すればよいのか分かりません。

　回答

あなたが感じた「除け者にして楽しんでいるような感じ」は、あなた自身の直感です。ご自分の直感を信じて、「あれ？」と思ったら見て見ぬふりをせずすぐにコミュニケーションを取って、「私はあなたたちを見ているよ」というメッセージを送っていきましょう。

それは、「感じたその時」がベストのタイミングです。「後で」や、「もっとはっきりしてから」では、遅すぎます。

「今が起こっているの？」

気づいた時に、皆を呼んで、すぐに中断を入れましょう。それだけでも、先生はしっかり見ているよ、というメッセージになります。このようなコミュニケーションが、オープンなクラス、何でも話せる関係性を創り出していきます。

また、あとから気がついた場合、つい、いじめられていそうな子を呼んで事情を聞いてしまう場合が多いようです。すると、いじめている子たちの敵対心をあおってしまって、良い結果を生みません。ここは、いじめていると思われる子に対して、メッセージを送ることが大切です。

「あなたたちは先生の大事な生徒なんだよ」

行動が表面化していないのであれば、事実関係を問いただすのではなく、「なぜ大事なのか」という教育者としてのビジョンを語って大きな目的を伝えることも効果的です。人として何が大切か、人間関係の大事さ、大切さを伝えるチャンスです。

「先生は友だちに優しい、思いやりを持てるクラスを創っていきたい」

いじめはその子たちがアウトカムに向かっていないときに起こるものです。しっかり、どんなクラスにしていきたいかも常日頃から伝えていきましょう。

5年生であれば、自分で考えさせる質問も同時にしていくのが良いでしょう。

「仲の良いクラスだったら、さらにどうなっていく?」
「あなたはどんな人になりたい? 友達にどうしてあげたい?」
このように、子どもに考えさせることで、さらに大きな未来から自分たちを見せていくことで、自然といじめはなくなっていきます。

〈事例6〉 慕われる先生になるための対応事例

最近、クラスの子どもたち（小学6年生）との間に距離を感じます。
今まで、低学年で、とても子どもたちが懐いてくれていたのに、今のクラスは反抗的で、言葉や態度にトゲを感じます。小馬鹿にしたような表情や、こそこそこちらの悪口を言っているようで、毎日ストレスになっています。
どうやって今日を無難にこなそうか、という気持ちで、教師という仕事に前向きになれません。

回答

小学6年生は低学年とはまた違います。年齢に合わせた態度、対応が必要になります。
低学年の時は、体感覚が優位の子どもが多いので、肩に触れたり、頭をなでたりするスキンシップがとても有効です。
高学年に対しては、あなた自身もガラッと対応を変えていく必要があります。相手の欲している情報を、聴覚的思考が満足するように言葉によって具体的に伝え、先にコメント

するよりも、子どもの話したことを丁寧にバックトラッキングなどをまぜながら受け取ることで信頼関係を築いていきます。相手を尊重して、同じ目線に立って話をし、相手に言語化させる、バックトラッキング（P38参照）で受け取る、という習慣を継続的に行っていると、相手も心を開いてきます。

また、あなた自身が生徒の前で情報や愛情を受け取る余裕を持ったオープンな自分であることで、子どもたちの心を開いていく可能性があります。

「意欲を生徒から引き出せる人」としてご自分のアイデンティティ（＝自己認識※）をしっかりと持つことが大切です。

※ニューロロジカル参照（P29）

〈事例7〉 不登校の子への対応事例

Kさん（小学5年生、女の子）が、夏休み後から不登校になってしまいました。同じクラスの女の子に服装のことでからかわれたのが発端らしいのですが、詳しいことはわかりません。話に行っても、本人は黙ってしまってなかなか何があったのかも聞くことができません。クラスの子どもたちも徐々に無関心になっていて、とても残念です。どう対応していくのがよいか、悩んでいる状態です。

回答

Kさんに対して「私たちは待っているよ。あなたはクラスの大事な一員だよ」というメッセージをしっかり伝えましょう。

不登校の初期の頃は、そのメッセージを様々な工夫とともに届け続けます。例えば、ノートに書いて届ける、迎えに行く、みんなで寄せ書きをする、など、子どもたちのアイディアも尊重しながら方法を増やしていきましょう。

継続して、同じ目的を達成するパートナーであることを伝えて続けていきます。一貫し

たメッセージとして、「先生はこのクラスがとても大切。そしてあなたもその中に絶対い
て欲しい」こと、生徒全員の「待っています」ということを伝えていきます。
「もし北斗七星が一つ欠けたら、それは北斗七星ではなくなるよ」などの分かりやすい
例え話を使って、パートナーシップ、仲間の大切さ伝えていきましょう。

〈事例8〉 苦手意識を持っている子への対応事例

Mさん（小学2年生、女の子）は図工が嫌いです。絵が下手だと思い込んでいて、絵を描く授業でもなかなか書き始められなかったり、図工のある日は保健室に行ったり、いやだいやだ、と思っている気持ちが伝わってきます。図工を好きになってほしいのですが、どんなアプローチが良いですか？

回答

その子が図工が嫌いであることで、何を守っているのか、肯定的意図を聞いてあげましょう。

「なぜ作らないの？」
「なぜ描かないの？」
「間違いなく作らなきゃいけない」
「うまく描かなきゃいけない」

184

そのような思い込みがある場合、それができない自分を「やらない」という行動で失敗や恐れから自分を守る、という肯定的意図が、図工の授業に参加することを妨げています。

低学年だと、「好き」「嫌い」で反応しますが、教育者としては、継続することででうまくなる（＝継続は力なり）ということも教えていく必要があります。このような場合、as if フレーム・天国と地獄篇を使いましょう。

「Mさんはどうなりたいの？」
「もし、絵を描くのを頑張って続けていったらどうなると思う？」
「もし、絵を描かないままだったらどうなると思う？」

as if フレームを使って、やり続けた時、全くやらなかった時の両極端の結果を見せることで、やる気が起こってきます。好きなものを楽しく作らせたり、描かせて、その子が得意にしているところを継続して承認していきましょう。

また、時には、先生がカリキュラムをこなすことに集中して、子どもの様子が見えなくなっている場合もあります。子どもはそれぞれ個性がある、というところを承認して、余裕のある対応をすることで、子どもも楽に図工に参加する可能性もあります。

〈事例9〉 給食を食べない子への対応事例

Nさん（小学1年生、女の子）は偏食が多く、給食をほとんど食べません。家でも、あまりご飯を食べず、フルーツやおやつを食べているようです。白いご飯も食べられない、野菜も好き嫌いが多い、牛乳も飲めない。特にアレルギーがあるわけではないので、食べてほしいのですが、無理に食べさすこともできず、どうすればよいか分かりません。

5時間目があるときは、お腹がすいているようにも見えるので、もう少し食べてもらえるよう、工夫をしたのですが。

回答

子どもはお腹がすいたらご飯を食べるし、のどが渇いたら飲み物を飲みます。個人差があっても神経質にならず、大きな気持ちで見ていきましょう。

「食」という字は「人を良くする」と書きます。子どもの行動に一喜一憂するのではなく、好きなものをたくさん食べて元気になろう、とはげましていきましょう。

もし、5時間目にお腹がすいている様子があれば、その時がチャンスです。

「明日は、Bちゃんみたいに給食のときにいっぱい食べようね」

と声をかけて、決まった時間に決まった行動をとる、というルールを身につけさせましょう。

〈事例10〉 勉強への意欲がなくなってきた子への対応事例

Gくん（小学6年生、男の子）は、受験に向けて一生懸命勉強していましたが、最近勉強に対して意欲がわかなくなってしまったようです。もともと真面目に勉強に取り組んできたのに、最近は勉強に身が入らなかったり、休みがちで何があったか心配です。どのようなサポートができるのでしょうか？

回答

Gくんは、勉強することの目的を見失ったのかも知れません。人はアウトカムに向かうと自然に意欲が増してきます。Gくんがもう一度アウトカムを明確にできるようにサポートしていきましょう。

アウトカムを明確にするには、8フレームアウトカムのスキルが有効です（P137参照）。勉強をしたその先、受験に合格したその先へとリードして、勉強することの意味や目標をイメージさせるよう問いかけを続けていきましょう。

〈事例11〉 暴力的な言葉を使う子への対応事例

クラスの子どもたち（小学3年生）の言動が気になります。テレビやゲーム、漫画の影響でしょうか、「死ね」「うざい」「殺す」など、聞いている私がドキッとする言葉が日常的に友達にぶつけられています。注意しても、癖のように「うざい」などの言葉が出てきます。はやり言葉のように、格好良く受け取っているのかもしれませんが、ぶつけられた子は傷ついており、止めさせたいと思っています。
どのように、子どもたちに注意していくのがよいのでしょうか？

回答

その言葉が出た瞬間に、その子に「今何て言ったの？」と聞いてみましょう。良くない言葉だとわかっているので、大抵、返答ができずに、困ってしまいます。そのタイミングを見て、「良かった。自分で何て言ったか言えないってことは、悪いこと言ったのがわかっているんだね。悪い言葉だってわかっていてくれて、先生安心したよ」と伝えてみましょう。

責めるのではなく、「安心したよ」という言葉を伝えることで、子どももホッとして素直に聞いてくれるはずです。これは、さっき言ったことを、「あの時、なんて言ったの?」と時間が経ってから聞き返すのではなく、言葉が出た瞬間を捉えて問いかけることが大切です。

堀井　恵　(ほりい　けい)

NLPカウンセラー、トレーナー。NLPマスタープラクティショナー。
1963年、成城大学経済学部卒業。1974年より、カナダ、トロントYWCAで、移住者のためのカウンセリングを担当。
その後、日本に帰国し、外資系セミナー会社にてトレーナーとして勤務。1993年、ケイ・コンサルティング設立。モチベーション・カウンセリングを中心とした研修、コンサルティングに従事。1997年には株式会社NLPインスティテュート／NLP研究所設立。同代表を務める。NLP（神経言語プログラミング）の手法を米国より日本にいち早く取り入れ、NLPを使ったトレーニング、カウンセリング、コンサルティングは国内外で定評がある。相手の意欲を引き出すコミュニケーションと、アイデンティティーの探求を提唱。ビジネスや教育、医療現場にとどまらず、幅広い個人・法人を対象としたトレーニングを主としている。近年では、教育委員会、PTA、学校への講演会も精力的に行っている。
著書に「子供・親子・夫婦の問題を解決する　—　家族のためのNLP」（東洋出版）がある。
連絡先：NLP研究所／株式会社NLPインスティテュート
ホームページ　http://www.nlpij.co.jp

編集協力	株式会社エマ・パブリッシング
ブックデザイン	峯岸孝之（comix）
編集担当	斎藤俊樹（三修社）

先生と生徒の心をつなぐＮＬＰ理論

2008年11月10日　第1刷発行

著　者	堀井恵
発行者	前田俊秀
発行所	株式会社三修社
	〒150-0001　東京都渋谷区神宮前2-2-22
	TEL 03-3405-4511　FAX 03-3405-4522
	振替 00190-9-72758
	http://www.sanshusha.co.jp/
印刷製本	信教印刷株式会社

©2008 Printed in Japan
ISBN978-4-384-03009-9 C2036
〈日本複写権センター委託出版物〉
本書を無断で複写複製（コピー）することは、著作権法上の例外を除き、禁じられています。本書をコピーされる場合は、事前に日本複写権センター（JRRC）の許諾を受けてください。
JRRC〈http://www.jrrc.or.jp　email:info@jrrc.or.jp Tel:03-3401-2382〉